Richard Heinzmann

W0192689

Christlicher Glaube und der Anspruch des Denkens

Beiträge aus der Sicht
christlicher Philosophie

Verlag W. Kohlhammer

Die Deutsche Bibliothek – CIP-Einheitsaufnahme

Heinzmann, Richard:
Christlicher Glaube und der Anspruch des Denkens : Beiträge aus der
Sicht christlicher Philosophie / Richard Heinzmann. -
Stuttgart ; Berlin ; Köln : Kohlhammer, 1998
ISBN 3-17-015631-4

Umschlagbild:
MARIANN VON WEREFKIN
»Starnberger See«
Skizzenbuch Nr. 13, Serie b)
© Fondazione Marianne Werefkin, Ascona;
Museo Comunale d'Arte Moderna Ascona

Inhaltsverzeichnis

Erstsendung der Vorträge

Abschied von einer falschen Alternative. Zum Verhältnis von Glauben und Denken
11.12.1983

Seelenwanderung oder Ewiges Leben? Erwägungen über die ‚Letzten Dinge'
1.11.1985

Unsterbliche Seele – Was heißt das'?
1.11.1986

Was bedeutet eigentlich Ostern?
27.3.1989

Thomas von Aquin (1224–1274) – Die Autonomie der Vernunft
10.12.1989

Fundamentalismus – Versuchung des Glaubens
22.12.1991

Glaube als Vollzug und Inhalt
1.3.1992

Widerspruch als Loyalität. Gegen die Resignation in der Kirche
21.3.1993

Überlieferungsschwierigkeiten des Glaubens. Denkmodelle der Vergangenheit
März 1994

Der christliche Ursprung der Menschenrechte
6.11.1994

Religionsfreiheit
5.6.1995

Eugen Biser (* 1918) – Vom System zur Lebenswirklichkeit
9.3.1997

Michael Schmaus (1897–1993) – Die Wiederentdeckung des Personalen als christliche Grundkategorie
23.7.1997

Vorwort

Die hier vorgelegten Gedanken zu verschiedenen aktuellen Fragen sind unabhängig voneinander entstanden und stehen deshalb inhaltlich in keinem systematischen Zusammenhang. Die Themenvorschläge kamen, von zwei Ausnahmen abgesehen, jeweils von Norbert Kutschki, dem Leiter der Abteilung Kirchenfunk im Hörfunk des Bayerischen Rundfunks bis 1995, wo die Vorträge in den Jahren 1982–1997 ausgestrahlt wurden. Für die langjährige gute Zusammenarbeit sei ihm ausdrücklich gedankt.

Um die ursprüngliche Intention, einen weiteren Personenkreis anzusprechen, nicht aufzugeben, blieben die Beiträge für den Druck unverändert. Aus diesem Grunde wurde auch auf einen wissenschaftlichen Apparat verzichtet, obwohl sich der Verfasser natürlich in vielfacher Hinsicht der großen philosophischen und theologischen Tradition des Abendlandes verpflichtet weiß. Gelegentliche Überschneidungen wurden in Kauf genommen, um die innere Geschlossenheit der Beiträge nicht zu zerstören, was die unverzichtbare Voraussetzung dafür ist, daß jeder einzelne für sich verstanden werden kann.

Trotz dieser abgeschlossenen Eigenständigkeit, was die Inhalte betrifft, sind die einzelnen Themen unter formalem Gesichtspunkt durchaus miteinander verbunden, insofern es darum geht, den Anspruch des Denkens gegenüber dem Glauben zur Geltung zu bringen, und umgekehrt zu zeigen, daß das Denken mit seinen letzten existentiellen Fragen durchaus im Glauben eine angemessene Antwort und dadurch Zugang zum Glauben finden kann. Der tiefste Grund dafür, daß Denken und Glauben keine sich ausschließenden Gegensätze, sondern wesentlich aufeinander bezogen sind, ist darin zu sehen, daß diese beiden das Menschsein ausmachenden Fähigkeiten letztlich auf Gott zurückgehen: „Cum utrumque sit nobis a deo" (Thomas von Aquin, In Boethium ‚De Trinitate', q. 2, art. 3).

München, im Juni 1998   Richard Heinzmann

Meiner
Schwester Elisabeth
zugeeignet

Abschied von einer falschen Alternative –
Zum Verhältnis von Glauben und Denken

Die Frage, wie das Verhältnis von Glauben und Denken näher zu bestimmen sei, ist zwar von besonderer Dringlichkeit, aber sie ist keineswegs erst in der Gegenwart aufgetreten. Die im Verhältnis Glauben – Denken angesprochene Problematik hat eine lange Geschichte, in der nahezu alle möglichen Varianten durchgespielt wurden. Diese Tatsache ist Grund genug, mit besonderer Sorgfalt darauf zu achten, wovon jeweils die Rede ist. Die Begriffe haben sich nämlich in dieser über Jahrhunderte sich erstreckenden Diskussion keineswegs eindeutig durchgehalten. Vielfältige Bedeutungsverschiebungen und Überlagerungen schon in der Fragestellung haben dazu geführt, daß die Geschichte dieser Auseinandersetzung zugleich eine Geschichte von schwerwiegenden und belastenden Mißverständnissen und Irrtümern wurde, bis hin zu der These, Glauben und Denken seien in der Tat kontradiktorische, sich ausschließende Gegensätze.

I.

Im allgemeinen Bewußtsein unserer Tage verbindet sich mit dem Thema jene Gestalt der Frage, wie sie sich zu Beginn der Neuzeit mit der Entstehung der modernen Naturwissenschaften und dem damit gegebenen Verständnis von Wissen herausgebildet hat. Diese Form der Fragestellung, die sich bis in unsere Gegenwart durchgehalten hat, war ihrerseits wiederum eine Reaktion auf die abendländische Denkgeschichte von dem griechischen Philosophen Plato (427 v. Chr.–347) über Plotin (205–270) und dem Kirchenvater Augustinus (354–430) bis ins zwölfte Jahrhundert. Im Zentrum dieses Denkens steht die Idee als das weltjenseitige, wirkliche Sein, als die eigentliche Wirklichkeit. Da sich diese Idee jeglichem Werden und Vergehen entzieht, ist sie der Gegenstand des Wissens und der Wissenschaft im strengen Sinne.

Unsere Welt der Erfahrung und Empirie ist nur ein defizientes, unvollkommenes Abbild jener unvergänglichen Wirklichkeit, sie ist nur das Vorläufige und Uneigentliche. Diese Sicht und Minderbewertung der Welt führte schließlich geradezu zur Weltverachtung. Viele Probleme, die in mannigfachen Brechungen bis in die Gegenwart nachwirken, haben darin ihre Wurzel. Die so verstandene Welt vermittelt kein eigentliches und allgemeingültiges Wissen, sondern nur ein ungewisses Meinen und Glauben. Es versteht sich von selbst, daß in einem solchen geistigen Klima eine wissenschaftliche Auseinandersetzung mit dieser nur als vergängliches Abbild einer höheren Wirklichkeit verstandenen erfahrbaren Welt sich nicht entfalten konnte. Die Wende vollzog sich im dreizehnten Jahrhundert. Neben anderen ist in diesem Zusammenhang vor allem die überragende Gestalt des Thomas von Aquin zu nennen. Im Rückgriff auf Aristoteles und vor allem durch das Ernstnehmen des spezifisch christlichen Glaubens, daß die Welt Schöpfung Gottes sei und damit eine Wirklichkeit eigenen Ursprungs und eigenen Rechtes, der die menschliche Vernunft in gleicher Weise zugeordnet ist, hat Thomas die Welt in gewisser Weise freigegeben und damit die Voraussetzungen der modernen Naturwissenschaften geschaffen. Der Gegenstand des Wissens ist jetzt diese unsere erfahrbare Welt. Die Methoden, die zu diesem Wissen führen, sind die Methoden der modernen Naturwissenschaft. Was diesen Anforderungen nicht entspricht, wird in den Bereich des Glaubens verwiesen. Damit wurde zumindest in der äußeren Gestalt der Ansatz Platos genau umgekehrt.

Von diesem Wissensbegriff her, der allerdings eine außerordentliche Verengung und Begrenzung des Wissens einschließt, wurde jetzt Glauben definiert. Glauben wurde damit zwar auf eine Ebene mit dem naturwissenschaftlichen Wissensbegriff gestellt, aber dadurch zugleich degradiert zu einer Vorform des Wissens, zu einem Stadium auf dem Weg vom Nichtwissen zur vollen Einsicht. So verstanden, verhalten sich Glauben und Wissen umgekehrt proportional: je größer der Glaube desto geringer das Wissen. Damit ist aber gesagt, Glaube sei ein grundsätzlich zu überwindender Zustand.

Prinzipiell wäre gegen eine solche Sprachregelung nichts einzuwenden. Falsch und verhängnisvoll war nur, daß man seit der Aufklärung der

Meinung war, auf dieser Ebene läge die Auseinandersetzung zwischen Naturwissenschaft und christlichem Glauben. Wenn das Christentum in dieser Auseinandersetzung verlor und darüber hinaus viel an Ansehen einbüßte, dann nicht in erster Linie deshalb, weil die Theologen schlecht argumentiert hätten. Dadurch, daß sie sich überhaupt darauf einließen, verfehlten sie das Selbstverständnis des eigenen Glaubens. Daß das Ganze im Grunde ein Mißverständnis war, ändert nichts an den verheerenden Folgen dieser Niederlage der Kirche. Man braucht als Beispiel nur den Namen Galilei (1564–1642) zu nennen, um sich dies ins Gedächtnis zu rufen. Da die Kirche, ohne jeden sachlichen Grund, wenn auch aus der historischen Situation durchaus verständlich, in der beginnenden naturwissenschaftlichen Welterklärung eine Gefahr für den Glauben an Gott überhaupt sah, wurde nicht nur die Autorität der Kirche in Frage gestellt, sondern am Ende die Existenz Gottes selbst geleugnet. So kam es schließlich dazu, daß die Naturwissenschaften zu erkennen gaben, die Hypothese Gott nicht mehr zu benötigen. Es konnte der Eindruck entstehen, daß in der Tat die Geschichte der Wissenschaft die Geschichte des Atheismus sei.

Der durchaus beeindruckende Siegeszug der Naturwissenschaften und der Technologie war wie die Niederlage der Kirche und des Gottesglaubens Ergebnis eines je falschen Selbstverständnisses. Der Glaube hatte sich auf die causae secundae, d.h. die Zweitursachen, auf die Welt ablenken lassen; die Naturwissenschaften griffen nach der Ersten Ursache, der causa prima, nach Gott aus. Beide hatten damit ihre Kompetenzen überschritten. Der Glaube, der Gott und dessen Offenbarung in Jesus Christus zum Gegenstand hat, beanspruchte ein abschließendes Urteil über die Richtigkeit oder Falschheit naturwissenschaftlicher Forschungsergebnisse. Dadurch kam der Glaube in einen vermeintlichen Konflikt mit den Naturwissenschaften, in dem er unterliegen mußte. Umgekehrt maßte sich die Naturwissenschaft an, Fragen zu beantworten, die sie noch nicht einmal zu stellen imstande ist. Das Objekt der Naturwissenschaften ist die ganze Welt, theologisch gesprochen die Schöpfung. Der Ursprung aber dieser Welt, der Grund dafür, daß überhaupt etwas ist und nicht nichts, und damit die Voraussetzung und Möglichkeitsbedingung aller möglichen Wissenschaften entziehen sich der Frage und Erörterung durch die Naturwissenschaften. Die Frage nach dem Sinn des Ganzen und damit auch des Menschen bleibt den Naturwissenschaften und allen Einzelwissenschaften verschlossen.

Diese Tatsache, eigentlich eine Selbstverständlichkeit, war lange verdeckt, und man hatte den Eindruck, es sei nur eine Frage der Zeit, bis auch die letzten Probleme gelöst seien. Solcher Wissenschaftsoptimismus ist heute einer tiefen Skepsis gewichen. Darin liegt wohl der tiefste Grund der umfassenden Krise und der immer mehr um sich greifenden Angst unserer Tage. Die moderne Wissenschaft, auf die man bewußt oder unbewußt gesetzt hatte, enttäuscht nicht nur diese Hoffnungen; sie wird darüber hinaus zur Bedrohung unserer Existenz auf verschiedenen Ebenen und kann die am Ende für den Menschen allein wichtige Frage nach dem Sinn des Ganzen nicht beantworten.

Aber gerade in der Erfahrung der Kontingenz, d.h. der Endlichkeit, und der Grenze, greift der Mensch, Wissen und Methoden der Naturwissenschaft hinter sich lassend, über die Welt hinaus. Damit kommt der Glaube erneut, aber jetzt auf einer anderen Ebene als naturwissenschaftliches Wissen, in den Blick. So kann man feststellen, daß das Bedürfnis nach religiöser Orientierung in unseren Tagen zunimmt. Diese Chance scheint aber fürs erste mehr von sektiererischen und äußerst fragwürdigen Randgruppen wahrgenommen zu werden als vom Christentum selbst. Zugleich kann man einen Umschlag und Wandel in der Einstellung zum Denken wahrnehmen: Der überzogene Anspruch der Naturwissenschaft brachte offensichtlich das Wissen und die Vernunft als solche in Mißkredit. Man kann sich bisweilen des Eindrucks nicht erwehren, als könnte heute unter dem Deckmantel des Glaubens alles eine Chance bekommen, wenn es nur gegen die Vernunft ist.

II.

So muß an dieser Stelle unserer Überlegungen noch einmal nach dem Glauben gefragt werden, jetzt aber nach dem Glauben als einer eigenständigen und nicht von einem naturwissenschaftlichen Vorverständnis her abgeleiteten Größe. Das darf aber nicht in einer fideistisch verengten, d.h. den Glauben isoliert betrachtenden Weise geschehen. Auch auf dieser Ebene muß das Verhältnis des Glaubens zum Denken mitbedacht werden; dabei muß freilich auch das Wissen von der naturwissenschaftlichen Engführung in das umfassendere Phänomen denkenden Verstehens hinein befreit werden.

Naturwissenschaftliches Wissen einerseits und Glauben andererseits unterscheiden sich nicht durch das Maß an Einsicht und Gewißheit, sondern durch das je andere Objekt und den je anderen Bezugszusammenhang. Das Wissen erwächst aus dem Verhältnis des Intellekts zu den Gegenständen und Sachverhalten dieser Welt und erfährt in Sätzen, Formeln und Gesetzen seinen Ausdruck. Davon unterscheidet sich Glauben als eigene Größe nicht graduell, sondern der Struktur nach. Es ist erkennendes Sich-Beziehen von Person zu Person, die einzige Form, wie Personen Zugang zueinander gewinnen können. Deshalb lautet die Grundgestalt des Glaubens nicht: ‚ich glaube etwas‘, sondern: ‚ich glaube dir‘. Erst in zweiter Linie und getragen von der Glaubwürdigkeit der bezeugenden Person bezieht sich Glaube auch auf Sachverhalte. Im Gegensatz zur zwingenden Folgerichtigkeit naturwissenschaftlichen Wissens bedarf es hier freier Entscheidung auf beiden Seiten. Nichts kann letztlich jemanden zwingen, dem anderen zu glauben, selbst wenn die Glaubwürdigkeit noch so groß ist, und nichts kann den anderen zwingen, etwas oder gar sich selbst zu erkennen zu geben. So ist Freiheit für den Glauben konstitutiv, d.h. unabdingbare Voraussetzung. Gleichwohl gehört Glauben zum verstehenden Denken und somit zum Wissen des Menschen und eröffnet ihm eine neue Dimension der Gesamtwirklichkeit, die nur mit Hilfe naturwissenschaftlichen Wissens nicht erschlossen werden kann. In Analogie zu solcher menschlichen Grunderfahrung von Glauben läßt sich dann Glauben im streng theologischen Sinne verstehen. Glaube ist auch hier primär Glaube an eine Person, an den lebendigen Gott.

Wie kommt aber der Mensch überhaupt auf den Gedanken, an Gott zu glauben? Schon die Formulierung der Frage deutet die zentrale Funktion des Denkens für den Glauben an. Eine, wenn auch nicht reflektierte Grunderfahrung, ein unthematisches, nicht voll ins Bewußtsein gehobenes Wissen von Gott muß immer schon vorausliegen. Im fragenden Denken greift der Mensch über alle Einzelwissenschaften und innerweltlichen Erkenntnisse hinaus und fragt nach dem Ganzen der Welt und dem Sinn der eigenen Existenz. Mit dieser Frage kommt er zugleich an die äußerste Grenze dessen, was er denkend begreifen kann, solches kann aber nicht Gott sein. Denn was wir begreifen, ist nicht Gott, wie es schon Augustinus formuliert hat: si comprehendis non est deus (Sermo CXVII 3,5). Damit gelangt der Mensch denkend vor die Möglichkeit des Glaubens, das heißt begründet zu glauben, daß jenseits allen begreifenden Erkennens am Ende das Ganze nicht ins Nichts und die absolute Sinnlosigkeit abstürzt, sondern von einem letzten Sinn getragen wird. Zu diesem Glauben zwingt ihn nichts, auch nicht das absolute Geheimnis, das Gott selbst ist. Es ist die freie, aber vor der Vernunft verantwortete und verantwortbare Entscheidung des Menschen. Glauben ist ein Akt des Willens: credere est voluntatis, wie die klassische Theologie sagt. So ist der Mensch in der Erfahrung dieser Grenze und der darin sich ereignenden Offenbarung Gottes als denkendes Wesen angesprochen und denkend antwortet er im Glauben oder Unglauben. In solcher Weise kommt dem Denken des Menschen am Ursprung des Glaubens an Gott eine kritische Funktion zu im strengen Sinne des Wortes: Er muß denkend unterscheiden und entscheiden. Denken und Glauben sind und bleiben in solcher Weise im Innersten aufeinander verwiesen.

Diese Struktur der gegenseitigen Verwiesenheit von Denken und Glauben bestimmt nicht nur den Glauben an Gott, sondern auch den Glauben im spezifisch christlichen Sinne. Die Offenbarung Gottes in Jesus Christus konnte mit ihrem zentralen Anliegen nur denkend vernommen werden. Die Botschaft mußte mitteilbar sein, und sie mußte und muß rational vermittelt werden. Kritisch sind die Zeugen auf ihre Glaubwürdigkeit zu prüfen. Selbst der einfache Glaube kann, wenn er nicht subjektiver Beliebigkeit verfallen will, der Vernunft und des Denkens nicht entraten.

In besonderem Maße gilt das natürlich für die Theologie als methodische Reflexion auf den Glauben. Im historischen Rückgriff auf die Schrift und Tradition sind alle erforderlichen wissenschaftlichen Methoden einzusetzen. Vor allem aber in der systematischen Durchdringung und Aneignung des Glaubens in der jeweiligen Gegenwart ist Theologie ohne Denken in der Gestalt der methodisch eingesetzten Philosophie schlechthin unmöglich.

Denken und Verstehen, die dem Glauben vorangehen, müssen sich im Glauben selbst fortsetzen, ohne den Glauben deshalb rationalistisch auflösen zu wollen. „Fides quaerens intellectum" war das Motto im Mittelalter, als die Theologie zur Wissenschaft wurde; der Glaube, der nach Einsicht sucht, der Glaube, der auf die Vernunft bezogen ist. Und dieses Wort hat bleibende Gültigkeit. Christlicher Glaube muß ein rational verantworteter Glaube sein und auch in seiner je konkreten Ausprägung sich vor dem kritischen Denken verantworten.

Bernhard Welte (1906–1983), Theologe und Philosoph, der tiefgründig über diese Fragen nachgedacht hat, formulierte diesen Sachverhalt einmal so: „Eine Verkündigung, die einen Widerspruch, eine Gefährdung oder gar eine Zerstörung des in echter Philosophie offenbar Gewordenen bedeuten würde, kann und darf nicht geglaubt werden" (Bernhard Welte, Der philosophische Glaube bei Karl Jaspers und die Möglichkeit seiner Deutung durch die thomistische Philosophie, Freiburg 1949, S. 188).

Es ist damit nicht in Abrede gestellt, daß nach christlichem Verständnis der Glaube Gnade ist, d.h. durch nichts zu erzwingende freie Zuwendung Gottes. Aber auch und gerade wenn Gott spricht, ist der Mensch zum Denken und zur Entscheidung aufgerufen. Dabei sollte man nicht vergessen, daß eben auch die Vernunft ein Geschenk Gottes ist. Diesen Sachverhalt, daß der Glaube das Wissen, das Denken und die Vernunft nicht nur nicht ausschließt, sondern unabdingbar und umfassend erfordert, hat Thomas von Aquin, einer der größten Denker des Christentums, immer wieder und mit besonderem Nachdruck betont – so in der Formulierung: „Der Glaube setzt die natürliche Erkenntnis voraus wie die Vollendung das zu Vollendende" (Summa theologiae I q. 2, art. 2 ad 1).

III.

Kehren wir zurück zur Fragestellung unseres Themas: Glauben oder Denken; das ist in der Tat eine falsche Alternative. Wie gezeigt wurde, ist das Wissen im Sinne der modernen Naturwissenschaften und auch der anderen Einzelwissenschaften vom jeweiligen Objekt her auf diese unsere erfahrbare Welt bezogen und zugleich begrenzt. Die Frage nach dem

Ursprung und Ziel, dem Anfang und Ende des Ganzen aber transzendiert und übersteigt diese Welt und damit alle Einzelwissenschaften und fällt allein in die Zuständigkeit von Philosophie und Theologie.

Von diesem je anderen Objekt her bestimmen sich Kompetenz und Grenzen der jeweiligen Disziplinen. Wenn diese eingehalten werden, ist ein Konflikt a priori, von vorneherein, ausgeschlossen, weil eben auf dem jeweils anderen Gebiet keine Zuständigkeit und Mitsprache gegeben ist. Wie verhängnisvoll es für beide, das Wissen und den Glauben ist, wenn diese Grenzen ignoriert werden, hat die Geschichte hinreichend gezeigt.

Mit einem solchen konfliktfreien Nebeneinander ist jedoch das Verhältnis von Glauben und Denken in einem weiteren Sinne noch nicht erschöpfend beschrieben. Die Analyse des Glaubens im philosophischen wie theologischen Verständnis zeigt, daß für den Glauben, sowohl als menschlicher Vollzug wie in seiner dogmatischen Inhaltlichkeit das Denken konstitutiv ist. Das Denken ist es, das den Menschen an jene Grenze führt, wo am Horizont der Glaube als Möglichkeit in den Blick kommt. Mit der Vernunft erfaßt er den Anspruch der Offenbarung und die Inhalte des Glaubens, verbindet die einzelnen Sachverhalte und versucht zu verstehen, worum es überhaupt dabei geht. Nur denkend lassen sich Fehlentwicklungen als solche erkennen und nur so Wesentliches und Unwesentliches, Aussageinhalt und Aussageform unterscheiden. Aus solcher Überlegung erwächst schließlich die Entscheidung für oder gegen den Glauben. Sie ist als Gewissensentscheidung noch einmal und in ausgezeichneter Weise Sache des Denkens. Im denkenden und glaubenden, besser gesagt im denkend glaubenden Menschen bilden beide eine letzte Einheit. Rationalität schließt die Fähigkeit zum Glauben wesentlich ein. Glauben zu können macht zusammen mit dem Denken den Rang und die Würde des Menschen aus. Ihm diese Möglichkeit absprechen, hieße ihn reduzieren auf diese Welt und damit unwiderruflich der Sinnlosigkeit preisgeben.

Der Glaube ist, wie es im Neuen Testament immer wieder betont wird, die seinem besonderen Gegenstand angemessene Art des Erkennens. So gesehen ist es die höchste Möglichkeit menschlicher Selbstverwirklichung, denkend den Bereich des innerweltlich Wißbaren zu übersteigen und im Glauben vom absoluten Geheimnis her sich den Sinn des Ganzen einschließlich der eigenen Existenz eröffnen zu lassen. Schöpfung und Erlösung, Denken und Glauben bilden so eine letzte innere Einheit, die in Gott als dem Ursprung und Ziel der Geschichte und des Menschen ihren tiefsten Grund hat.

Glaube als Vollzug und Inhalt –
Die subjektive und objektive
Dimension christlichen Glaubens

I.

Glaube und glauben sind Worte unserer Alltagssprache, mit denen sehr unterschiedliche Vorstellungen verbunden sein können. Sie begegnen im profanen Bereich ebenso wie im religiösen. Wie alle Worte einer lebenden Sprache sind sie in ihrer Bedeutung einem ständigen Wandel unterworfen. Darüber hinaus sind gerade in religiösem Zusammenhang mit dem Wort Glaube nicht selten Vorentscheidungen und Vorurteile verbunden, welche das nach christlicher Auffassung Gemeinte nicht angemessen zum Ausdruck bringen, wenn nicht gar völlig verfehlen.

Wenn im folgenden über den Glauben in christlichem Verständnis gesprochen werden soll, dann geht es in der Sache darum, über das Grundverhältnis des Menschen zu Gott nachzudenken. Auf innerweltliche Denkmodelle kann dabei nicht verzichtet werden, da ohne Rückgriff auf die Erfahrung die Begriffe für theologische Sachverhalte ohne Inhalt blieben. Es wird also zu prüfen sein, wie man Glauben verstehen muß, um diesen Grundbezug des Menschen zu Gott in angemessener Weise zur Sprache bringen zu können.

In der Regel wird, bei allen Unterschieden im einzelnen, die Frage nach dem Glauben im Bedeutungsfeld des Wissens und seiner Vorformen angegangen. Zweifeln, vermuten, meinen, glauben, wissen, das sind schon bei Aristoteles die verschiedenen, aufsteigenden Weisen der Erkenntnis und ihrer Gewißheit. Bereits in diesem Entwurf ist der Glaube eine mindere Form des Wissens. Glauben heißt dann soviel wie nicht genau oder noch nicht wissen. Bei einer entsprechenden Konzeption von Wissen wird Glaube schließlich undifferenziert zum Gegenbegriff, nämlich zum Nichtwissen.

Diese Problemstellung hat sich zu Beginn der Neuzeit herausgebildet,

18

und sie bestimmt bis heute weitgehend die Rahmenbedingungen der Diskussion über das Verhältnis von Wissen und Glauben. Glaube ist in diesem Kontext keine eigenständige Größe, sondern von einem nicht zwingenden Vorverständnis von Wissen abhängig. Der Gegenstand des Wissens wurde auf die erfahrbare Welt begrenzt, so daß Wissen mit Anspruch auf Wissenschaftlichkeit von den empirischen Wissenschaften her definiert werden mußte. Die Methoden, die zu diesem Wissen führen, sind die Methoden der modernen Naturwissenschaften. Was diesen Kriterien nicht entspricht, wurde in den Bereich des Glaubens verwiesen. Von diesem willkürlich begrenzten Begriff des Wissens her wurde der Glaube definiert und zugleich zu einer Vorform des Wissens degradiert. So verstanden ist dann Glaube ein zu überwindender Zustand, ein Stadium auf dem Weg vom Nichtwissen zur vollen Einsicht.

Das Spezifische christlichen Glaubens wurde damit völlig verfehlt, denn Gott, der Bezugspunkt des Glaubens, kommt in dem Bereich der empirischen Wissenschaften nicht vor. Gleichwohl war man seit der Aufklärung der Meinung, die Auseinandersetzung zwischen Christentum und Naturwissenschaften läge auf dieser Ebene, ein Mißverständnis, an dem beide Seiten scheitern mußten und gescheitert sind. Das Christentum beanspruchte ein abschließendes Urteil über die Richtigkeit oder Falschheit naturwissenschaftlicher Forschungsergebnisse und brachte dadurch den Glauben in einen Konflikt, der verloren war, bevor er ausbrach. Auf der anderen Seite meinten die Naturwissenschaften, Fragen beantworten zu können, die sie noch nicht einmal zu stellen imstande sind. Das Objekt der Naturwissenschaft ist die Welt im umfassenden Sinne; der Ursprung aber dieser Welt, der Grund dafür, daß überhaupt etwas ist und nicht nichts und damit die Möglichkeitsbedingung aller Wissenschaft entziehen sich der Frage und der Erörterung durch die Naturwissenschaft. Daß die Naturwissenschaft in dem Bereich ihrer Kompetenz die Hypothese ‚Gott‘ nicht benötigt, ist unmittelbar einsichtig. Zu meinen, damit sei die Frage nach Gott als solche bereits erledigt, ist im genauen Sinne des Wortes vordergründig und naiv.

Im Kontext des naturwissenschaftlichen Wissensbegriffs erreicht der Glaube seinen Gegenstand überhaupt nicht. Ein solcher Versuch führt zu einem zwar verbreiteten, aber deshalb nicht weniger falschen Alltagsverständnis von Glauben als Annahme von Sätzen und Lehren, die man nicht ganz oder überhaupt nicht verstehen kann. Es konnte die Meinung entstehen, mit der Paradoxie und Uneinsehbarkeit der Aussagen wachse zugleich die Größe und Verdienstlichkeit eines solchen Glaubens; glauben sei identisch mit nichtwissen und fordere deshalb das sacrificium mentis, die Vernunft müsse dem Glauben geopfert werden. Ein so verstandener Glaube ist vor allen Anfechtungen gefeit. Er kann und darf nicht hinterfragt werden und bietet deshalb ein Höchstmaß an objektiver Gewißheit und subjektiver Sicherheit. Eine solche Abschirmung gegen das Denken muß allerdings mit Isolation und fideistischer Verengung bezahlt werden. Wenn Glaube zur Alternative von Wissen und Denken wird, dann kann letztlich unter seinem Namen alles postuliert werden und eine Chance bekommen, wenn es nur gegen die Vernunft steht. In diesem Sinne ist unsere Zeit nicht nur außerhalb der christlichen Konfessionen sehr gläubig. Dann ist aber auch das Bemühen von Ludwig Feuerbach verständlich und gefordert, die Menschen „aus Gläubigen zu Denkern zu machen" (Vorlesungen über das Wesen der Religion; sämtliche Werke Bd. VIII 360).

II.

Damit wurde deutlich, daß sich von diesem Ansatz her kein Verständnis von glauben gewinnen läßt, das geeignet wäre, jenen Sachverhalt zur Sprache zu bringen, der nach christlicher Überzeugung damit gemeint ist. So muß noch einmal neu gefragt werden, und zwar nach dem Glauben als einer eigenständigen und nicht von einem naturwissenschaftlichen Vorverständnis her abgeleiteten Größe. Auch bei dieser Konzeption muß das Verhältnis des Glaubens zum Wissen mitbedacht werden; dabei muß freilich auch das Wissen von der empiristischen Engführung befreit und in das übergreifende Phänomen denkenden Verstehens integriert werden.

Von einem solchen Ansatz her lassen sich dann Wissen und Glauben in gleicher Weise als Sache der Vernunft erfassen. Eine Formulierung von Augustinus aufgreifend, hat Thomas von Aquin schon im 13. Jahrhundert mit Nachdruck betont, glauben heiße mit Zustimmung denken:

„cum assensione cogitare". Glauben läßt sich also ohne Denken nicht definieren. Denken ist Voraussetzung und Möglichkeitsbedingung des Glaubens.

Damit eröffnet sich eine völlig neue Perspektive auf unser Thema. Wissen und Glauben sind keine konkurrierenden Größen. Sie unterscheiden sich nicht durch das Maß an Einsicht und Gewißheit, sondern durch das je andere Objekt und den je anderen Bezugszusammenhang. Das Wissen erwächst aus dem Verhältnis des Intellekts zu den Gegenständen und Sachverhalten dieser Welt und erfährt in Sätzen, Formeln und Gesetzen seinen Ausdruck. Davon unterscheidet sich glauben als eigene Größe nicht graduell, sondern der inneren Struktur nach. Er ist erkennendes Sich-Beziehen von Person zu Person; die einzige Form, wie Personen Zugang zueinander gewinnen. In diesem Erfahrungsmodell kann man glauben im christlichen Verständnis als Grundbezug zwischen Mensch und Gott angemessen zur Sprache bringen.

Wie kommt nun aber der Mensch überhaupt auf den Gedanken, an Gott zu glauben? Schon die Formulierung der Frage deutet die zentrale Funktion des Denkens für den Glauben an Gott an. Eine, wenn auch nicht ins Bewußtsein gehobene Grunderfahrung von Gott muß immer schon vorausliegen, sonst könnte der Mensch überhaupt nicht danach fragen. Im fragenden Denken greift er über alle Einzelwissenschaften und innerweltlichen Erkenntnisse hinaus und fragt nach dem letzten Grund des Ganzen der Welt und dem Sinn der eigenen Existenz. Im Vollzug dieses Fragens kommt der Mensch an die äußerste Grenze dessen, was er begreifen und wissen kann. Das aber kann nicht Gott sein. Gleichwohl kann er denkend weiter fragen, als sein begreifendes Wissen reicht. So gelangt der Mensch zu einem letzten Seinsgrund, zu einem neutralen Weltprinzip. Nach christlicher Überzeugung ist aber dieses Letzte, was der Mensch denkend erahnen kann, gerade kein neutrales Prinzip, sondern der personal zu denkende Schöpfergott der Bibel, der für den Menschen Ursprung und Ziel ist und ihn vor dem Absturz in die absolute Sinnlosigkeit errettet. So eröffnet sich am Ende des Denkweges die Möglichkeit des Glaubens als denken mit Zustimmung.

Zu diesem Glauben zwingt nichts, auch nicht das absolute Geheimnis, das Gott selbst ist. Es ist die freie, aber vor der Vernunft verantwortete und verantwortbare Entscheidung des Menschen. Diese Zustimmung macht den Glauben zu einem Akt des Willens: Credere est voluntatis, wie die klassische Theologie sagt. Darin realisiert sich Glauben als Akt des Denkens und der freien Entscheidung.

Der Grund dafür, daß eine solche Entscheidung nötig ist, liegt nicht nur in der Begrenztheit menschlicher Vernunft, die Gott nie begreifen kann, sondern vor allem in der personalen Grundstruktur des Glaubens. Glauben in diesem Sinne kann man nur einer Person. Im Gegensatz zur zwingenden Folgerichtigkeit begreifenden Wissens bedarf es hier deshalb der Freiheit der Entscheidung; nur sie wird der singulären Würde des Personseins gerecht. In diesem Sinne sind Denken und Freiheit auch für den Glauben an Gott konstitutiv, d.h. unverzichtbare Voraussetzung.

So verstanden ist Glaube neben dem Wissen eine Grundweise der Wirklichkeitserkenntnis und ein Erfahrungsmodell, um, natürlich in analoger Weise, das Grundverhältnis des Menschen zu Gott zu denken.

III.

Diese Grundstruktur des Glaubens an Gott ist in gleicher Weise für den Glauben im spezifisch christlichen Sinne normativ; auch bezüglich der Inhalte müssen Denken und freie Zustimmung ineinandergreifen.

Für die weiteren Überlegungen muß deshalb noch einmal eine klärende Unterscheidung eingeführt werden. Der Glaube an den lebendigen Gott ist die Urgestalt christlichen Glaubens; es ist jener Akt – fides qua – in dem sich ein Mensch, alle Brücken der Bedingungen hinter sich abbrechend, auf das Geheimnis Gottes einläßt und darin seine je eigene Antwort auf das universale und durch nichts begrenzte Heilsangebot Gottes gibt. Unabhängig von formulierten Inhalten geht es hier um die Rechtfertigung des Einzelnen und seine absolute Zukunft. Dieses letztlich allein entscheidende Geschehen zwischen Gott und Mensch ist jeder Beurteilung von außen entzogen; kein Mensch und keine Institution kann darüber befinden. Inhaltlich wahr oder falsch gibt es hier nicht; sondern allein dies: Der Mensch antwortet glaubend auf den Anruf Gottes, wo und wie immer er ihn trifft, oder nicht.

Von diesem subjektiven Glaubensvollzug ist der Glaube im Sinne der Inhalte des christlichen Glaubens – fides quae – zu unterscheiden. Die Selbsterschließung Gottes in Jesus Christus ist als Ereignis und Geschehen in dieser Welt von menschlichen Worten unabhängig. Die darin geschehene Botschaft von dem bleibenden Heilsangebot Gottes mußte und muß der Welt jedoch vermittelt werden. Das konnte nur in Worten und Sätzen geschehen und ist Aufgabe der Kirche. Das Bemühen und das Ringen um die angemessenen Formulierungen darf nicht gering geachtet werden, geht es doch dabei letztlich um die Identität des Christentums im Laufe der Geschichte und dessen Rückbindung an den bleibenden und normativen Ursprung. Gleichwohl sollte man nicht vergessen, daß die Sätze nicht mit der Wirklichkeit, von der sie sprechen, identisch sind, und daß sie diese Wirklichkeit, da es letztlich um Gott geht, nie in angemessener und begreifender Weise formulieren. Vermeidbarer Streit um Worte, Sätze und Auslegungsmodelle hat die Geschichte des Christentums schwer belastet und für viele Menschen zu einer Leidensgeschichte gemacht. Der ursprüngliche Auftrag der Kirche, Zeichen des in Christus geschehenen Heils zu sein, wurde dadurch bisweilen bis zur Unkenntlichkeit verdunkelt.

Sätze werden gewußt, Glaube bezieht sich auf die in den Sätzen angezielte Wirklichkeit. So kann etwa der Satz ‚Gott ist allmächtig' nicht geglaubt werden; glauben kann man nur an den allmächtigen Gott. In dieser möglichen Verwechslung deutet sich eine große Gefahr im Bezug auf die Glaubensinhalte an: Die Formulierungen werden absolut gesetzt, man sieht ihre Verweisfunktion nicht mehr und anstatt an Gott zu glauben, glaubt man am Ende an von Menschen formulierte Sätze. Gott wird dann zu einem begriffenen Gott, und der Glaube schlägt um in Aberglauben.

Alle Glaubensbekenntnisse beginnen mit den Worten: credo in unum deum, ich glaube an den einen Gott. Dieses Bekenntnis umfaßt im Grunde alles, was in den folgenden Sätzen als Explikation des Glaubens an Gott formuliert wird. Was immer an Inhalten in christlichem Sinne geglaubt wird, muß auf diesen Grund-Satz zurückbezogen bleiben, und der absolute Rang des Glaubens an Gott muß sich in jedem Glaubenssatz spiegeln.

Wenn schon beim Glaubensakt an Gott dem Denken eine konstitutive Funktion zukommt, dann in noch höherem Maße, wenn es um die aus-formulierten Einzelinhalte des Glaubens geht. Die Offenbarung Gottes in Jesus Christus konnte mit ihrem zentralen Anliegen nur denkend ver-nommen werden. Die Botschaft mußte mitteilbar sein, und sie mußte und muß rational vermittelt werden. Kritisch sind die Zeugen auf ihre Glaubwürdigkeit zu prüfen. Selbst der einfache Glaube kann, wenn er nicht subjektiver Beliebigkeit und damit dem Aberglauben verfallen will, der Vernunft und des Denkens nicht entraten.

In besonderem Maße gilt das natürlich für die Theologie als methodi-scher Reflexion auf den Glauben. Im historischen Rückgriff auf die Schrift und Tradition sind alle erforderlichen wissenschaftlichen Metho-den einzusetzen. Vor allem aber in der systematischen Durchdringung und Aneignung des Glaubens in der jeweiligen Gegenwart ist Theologie ohne Denken in der Gestalt der methodisch eingesetzten Philosophie schlechthin unmöglich. Christlicher Glaube muß ein rational verantwor-teter Glaube sein und auch in seiner je konkreten Ausprägung sich vor dem kritischen Denken verantworten. Wenn Gott den Menschen als den-kendes Wesen erschaffen hat, dann kann der Glaube als das Grundver-hältnis des Menschen zu Gott nicht gegen das Denken verlaufen, er muß vielmehr in der Verlängerung des Denkens liegen und mit den Gesetzen des Denkens vereinbar sein. In diesem Sinne kommt der Vernunft eine kritische Funktion dem Glauben und der Theologie gegenüber zu. Ein wirklicher Widerspruch zwischen Glaubenserkenntnis und rationaler Erkenntnis ist undenkbar, weil dadurch Gott sich selbst widersprechen würde, auf den ja Vernunft und Glaube zurückgehen.

Wenn es jedoch zu Widersprüchen zwischen glauben und denken kom-men sollte, was im Vollzug von Theologie immer wieder einmal gesche-hen kann, dann sind entweder die Grundsätze der Vernunft nicht richtig angewendet, oder die Theologie gibt etwas als eine Glaubenswahrheit aus, was in Wirklichkeit keine ist. In keinem Fall kann etwas Inhalt christlicher Offenbarung und somit Gegenstand des Glaubens sein, das den Grundprinzipien und Gesetzen der Vernunft und des Denkens widerspricht.

Es ist damit nicht in Abrede gestellt, daß nach christlichem Verständnis der Glaube Gnade ist, d.h. durch nichts zu erzwingende, freie Zuwendung Gottes. Aber auch und gerade wenn Gott spricht, ist der Mensch zum Denken und zur Entscheidung aufgerufen. Diesen Sachverhalt, daß der Glaube das Wissen, das Denken und die Vernunft nicht nur nicht ausschließt, sondern unabdingbar und umfassend erfordert, hat Thomas von Aquin immer wieder und mit besonderem Nachdruck betont, wenn er schreibt: „Der Glaube setzt die natürliche Erkenntnis voraus wie die Gnade die Natur und die Vollendung das zu Vollendende" (Summa Theologiae I q. 2 art. 2 ad 1: „sic enim fides praesupponit cognitionem naturalem, sicut gratia naturam, et ut perfectio perfectibile").

IV.

Ein Problem eigener Art und von besonderer Dringlichkeit muß noch kurz angesprochen werden. Die Inhalte des christlichen Glaubens, wie sie die Kirche in Sätzen vorlegt, werden häufig als den Menschen erdrückende Fremdbestimmung empfunden und deshalb verworfen. Wenn man etwa an die vielbändigen und voluminösen Dogmatiklehrbücher denkt, dann kann man einem solchen Unbehagen durchaus ein gewisses Verständnis nicht versagen. Daß hier der Grundbezug Gottes zum Menschen und des Menschen zu Gott thematisiert sein soll, ist für den Nicht-Fachtheologen kaum und oft auch für den Fachtheologen nur schwer nachvollziehbar.

Man kann sich bisweilen des Eindrucks nicht erwehren, daß sich Einzelinhalte des Glaubens verselbständigen und so nachdrücklich in den Vordergrund treten, daß sie den Blick auf Gott, auf den Glaube immer gerichtet sein muß, verstellen. Ein weiteres kommt erschwerend hinzu. Jede einzelne Glaubensaussage hat ihren Ort im Ganzen des Glaubens und die richtige Zuordnung zu diesem Ganzen und seinem Zentrum gehört mit zu ihrer Wahrheit. Ohne eine solche theologische Ortsbestimmung kann es geschehen, daß, was in Wirklichkeit an der Peripherie steht, zur Hauptsache gemacht und dadurch falsch wird. Zentrale Aussagen werden dann zur Nebensache degradiert. Das II. Vatikanische Konzil spricht in diesem Zusammenhang von der Hierarchie, der Rangordnung der Wahrheiten. Die Mißachtung dieser grundlegenden Einsicht ist Anlaß für zahlreiche Fehlinterpretationen und dadurch eine permanente Gefährdung der Glaubwürdigkeit des Christentums. Derartige Fehlentwicklungen müssen Anstoß sein, die vielen Einzelaussagen immer wieder neu auf die Mitte und das Zentrum auszurichten und dadurch in einem positiven Sinne zu relativieren.

Wenn man sich bewußt macht – und das war die Absicht dieser Überlegungen –, daß Glaube immer Glaube an den lebendigen Gott und seine Selbstauslegung in Jesus Christus ist, und daß das Heil des Menschen nicht von Sätzen abhängt, dann wird der Blick frei für das Wesentliche. Was beim ersten Hinsehen als Heteronomie erscheinen mag, erweist sich schließlich als das dem Menschen Gemäße. Für den Menschen als Person bedeutet Glauben den Vollzug seiner eigenen Existenz. Auch wenn dies zunächst im zwischenmenschlichen Bereich realisiert wird, so läßt es sich letztlich nur aus dem Schöpfungsbezug Gottes zum Menschen begründen. Glauben zu können ist deshalb nicht Minderung des Menschseins, sondern macht zusammen mit der Fähigkeit zu denken den Rang und die Würde des Menschen aus. Ihm die Möglichkeit des Glaubens absprechen, wäre keine Aufwertung, es hieße vielmehr den Menschen reduzieren auf die innerweltlichen Sachbezüge und ihn damit unwiderruflich der Sinnlosigkeit ausliefern.

Man könnte den Glauben an Gott verstehen als die reflektierte und bewußtgewordene Gestalt des menschlichen Urvertrauens ins Dasein. Glaubend weiß der Mensch, daß er sich auf Gott als den absoluten Ursprung und das Ziel aller Wirklichkeit verlassen kann.

Dieser Gedanke eröffnet den Blick für das Gegenteil des Glaubens, den Unglauben. Unglaube ist nicht in erster Linie Negation von Sätzen und Inhalten, auch nicht einfach Leugnung Gottes. Das Gegenteil des Glaubens ist, wie Eugen Biser überzeugend herausgearbeitet hat, die Angst. Und gerade aus dieser Alternative heraus wird der Glaube zu einer Tugend von höchster Aktualität.

Überlieferungsschwierigkeiten des Glaubens – Denkmodelle der Vergangenheit

In den folgenden Überlegungen soll darüber nachgedacht werden, inwiefern Denkmodelle der Vergangenheit zu Überlieferungsschwierigkeiten des Glaubens werden können. Die Frage ist ebenso dringlich wie schwierig: dringlich, weil in der Tat fundamentale innerkirchliche Probleme unmittelbar damit zusammenhängen; schwierig, weil der dadurch angesprochene Sachverhalt weitgehend nicht als Frage empfunden und deshalb die Problematik verkannt wird.

Wenn im Zusammenhang mit dem Glauben von Schwierigkeiten gesprochen wird, neigt man allzu schnell dazu, die Ursache bei dem Gläubigen, bei dem glaubenden bzw. zweifelnden Subjekt zu suchen und dort die ganze Schuld für die gegenwärtige Situation der Kirche anzusiedeln. In der subjektiven Dimension des Glaubens muß zwar noch einmal unterschieden werden zwischen dem Akt des Glaubens, der sich unmittelbar auf den lebendigen Gott bezieht und von dem alles abhängt, und auf der anderen Seite den implizit mitzuglaubenden Inhalten, an denen sich in der Regel die Vorbehalte und Zweifel entzünden.

Wenn jedoch von Denkmodellen als Traditionshindernis gehandelt werden soll, dann ist die subjektive Seite des Glaubens methodisch auszuschließen. Der Akt des Glaubens also ist, wie gesagt, nicht Gegenstand dieser Überlegungen. Es geht vielmehr um die Inhalte, und zwar nicht insofern sie zu glauben sind, sondern unter dem Gesichtspunkt, daß sie nur in einer bestimmten sprachlichen Gestalt und Denkform formuliert und weitergegeben werden können. Gefragt ist also danach, wie man zu der Kenntnis dessen kommt, was tatsächlich Inhalt christlichen Glaubens ist, wie sich Inhalt und Form zueinander verhalten.

I.

Zur Klärung der Problemstellung muß vorweg gefragt werden, was mit dem Begriff Denkform oder Denkmodell näherhin verstanden werden soll. Diese Vorüberlegung eröffnet dann die angemessene Perspektive auf die innertheologische Traditionsproblematik.

Als grundlegende Voraussetzung der gesamten Fragestellung gilt es, eine Selbstverständlichkeit ins Bewußtsein zu rufen: die Differenz zwischen Sache und Begriff. Die Worte, Sätze und Gedankensysteme, mit denen wir über die Wirklichkeit reden, sind mit der Wirklichkeit selbst nicht identisch. Diese Grundeinsicht ist unabhängig von bestimmten erkenntnistheoretischen Voraussetzungen. Ob man die philosophische These vertritt, der Mensch könne bis zu einem gewissen Grad Wirklichkeit begreifen, oder der Überzeugung ist, unsere Begriffe verweisen nur auf Wirklichkeit, diese Frage ist hier unerheblich. Die Grunddifferenz zwischen Wirklichkeit, dem, was wirklich ist, und den vom Menschen gebildeten Begriffen bleibt davon unberührt.

Das Gemeinte läßt sich vielleicht mit dem Hinweis auf die Naturwissenschaften verdeutlichen. Die Naturgesetze, die von den Naturwissenschaftlern aufgestellt werden, sind nicht die Gesetze der Natur, diese bleiben unserem Zugriff entzogen. Naturgesetze sind Versuche, mit vom Menschen entworfenen Modellen die Phänomene der Natur so gut wie möglich zu erklären. Vergleichbares gilt für die Deutung der Gesamtwirklichkeit durch die Philosophie. Die Interpretation der Welt mit Hilfe von Bildern und Mythen, Vorstellungsmodellen und Denkkategorien bleibt immer etwas völlig anderes als die Sache selbst, über die gesprochen wird.

Von dieser Einsicht aus ist weiterzufragen nach dem Subjekt, das sich denkend und deutend auf Wirklichkeit bezieht, d.h. nach dem Menschen und den Bedingungen und Strukturen seines Erkennens. Der Mensch ist nicht reiner Geist und so gewissermaßen als metaphysisches Wesen dem Ganzen und dem Grund der Wirklichkeit unmittelbar und zeitlos zugeordnet. Er ist vielmehr wesenhaft Geist in Leib, er ist eine geschichtliche und endliche Existenz. Seine Selbstverwirklichung muß sich in der Geschichte vollziehen und bleibt deshalb letztlich immer begrenzt und mehr oder weniger nur eine Teilverwirklichung. Seine geistige Schicht ist in der Weise auf die Leiblichkeit hin angelegt und mit dieser verbunden, daß man sie nie isoliert davon betrachten kann. Diesen Bedingungen der Begrenzung der geistigen Fähigkeiten durch die wesenhafte Leibgebundenheit ist deshalb auch das Erkennen des Menschen unterworfen. Das Absolute kann als Absolutes nie Gegenstand menschlicher Erkenntnis sein. Der Mensch kann nur verstehen, was ihm im Raum der Geschichtlichkeit begegnet. Jeder menschlichen Erkenntnis liegt deshalb ein Vorverständnis voraus. Und dieses jeder Einzelerkenntnis vorausliegende Vorverständnis resultiert weitgehend aus der Selbsterfahrung des Menschen, die er im Vollzug seines Lebens macht und die ihn und sein Denken formt. Auch wenn der Mensch sich im allgemeinen dieser Grunderfahrungen nicht reflex bewußt ist, gehen sie als Vorverständnis in sein Erkennen ein. Das gilt auch in bezug auf jene Wirklichkeit, die unsere Erfahrung übersteigt und somit auch für Gott. Besondere Beachtung verdient deshalb die Tatsache, daß das sich aus Grunderfahrungen konstituierende Selbstverständnis des Menschen in engstem Zusammenhang mit seinem Gottesverständnis steht. Gemeint ist damit ein unthematisches existentielles Wissen um Gott, das durch die Erfahrung der eigenen Endlichkeit vermittelt ist.

Solche Grunderfahrungen des Einzelnen stehen ihrerseits in einem konkreten geschichtlichen Kontext, von diesem geprägt und diesen mitprägend. Wenn man nun vom einzelnen absieht und nach dem alles umgreifenden Ganzen fragt, stößt man auf das Problem des Seins. Wo von einem Seienden gesagt wird, es ist, geschieht das immer in der Weise, daß schon, wenn auch nicht bewußt, ein bestimmtes, allem einzelnen vorausliegendes Verständnis von Sein vorausgesetzt wird. Aus einem derartigen Vorverständnis ergibt sich das, was man Denkmodell oder Denkform einer Epoche nennen könnte.

Weil dieses Vorverständnis Verstehen von Inhalten allererst ermöglicht, ist menschliches Verstehen kein rein passives Hinnehmen, sondern aktives und objektivierendes Aneignen. Verstehen ist immer auch und zugleich ein Auslegen und Interpretieren.

Um den formalen Charakter eines solchen Vorverständnisses zu unterstreichen, spricht man auch vom Verstehenshorizont. Der Horizont wird
als Horizont nie begriffen; aber was wir begreifen, begreifen wir nur in
einem bestimmten Horizont.

Das Bild des Horizontes ist aus der Erfahrung des Sehens genommen
und läßt sich deshalb von daher am besten erklären. Horizont ist zunächst Begrenzung, innerhalb der etwas wahrgenommen werden kann.
Da er sich vom wahrnehmenden Subjekt her bestimmt, entzieht sich das,
was außerhalb des Horizontes liegt dem Betrachter. Der Betrachter kann
jedoch seinen Standpunkt ändern. Damit kann eine Horizontverschie-
bung verbunden sein. Die Perspektive ändert sich, schon Bekanntes wird
unter einem anderen Blickwinkel gesehen; Neues wird entdeckt und tritt
in den Vordergrund, anderes entschwindet dem Blick. Der Horizont entzieht sich zwar dem direkten Zugriff, aber als Grenze und Perspektive
bleibt er immer präsent.

Ähnlich verhält es sich mit dem Denkhorizont oder Denkmodell, von
dem hier gesprochen wird. Nicht das Objekt ändert sich, sondern das
Subjekt mit seinen geschichtlichen Bedingtheiten. Die Differenz zwischen unterschiedlichen Modellen liegt nicht darin, daß jeweils inhaltlich
etwas anderes gedacht wird, sondern daß gleiche Inhalte unter anderen
Voraussetzungen und deshalb auf andere Weise gedacht werden. Noch
einmal soll die Naturwissenschaft als Vergleich dienen: Es ist die gleiche
Wirklichkeit, die von der klassischen Physik in völlig anderer Weise als
von der Atomphysik gedacht und zur Sprache gebracht wird.

II.

Was hat das alles, so wird man fragen, mit dem christlichen Glauben und
mit unserem Thema zu tun?

Zunächst dies: Auch für den christlichen Glauben gilt die Grunddiffe-
renz zwischen Wirklichkeit und dem Sprechen über diese Wirklichkeit.
Thomas von Aquin hat schon im 13. Jahrhundert lapidar festgestellt:
„Der Akt des Glaubens richtet sich nicht auf die Aussage, sondern auf

die Sache; denn wir bilden Aussagen nur, um durch sie zur Erkenntnis der Dinge zu gelangen, wie im Wissen, so auch im Glauben" (Summa theologiae II/II q. 1, art. 2 ad 2). Der Christ glaubt also nicht an Sätze. Sätze weiß man. Der Glaube bezieht sich vielmehr auf jene Wirklichkeit, von der Worte und Sätze sprechen, ohne sie letztlich angemessen zu begreifen.

Da zum anderen der Glaube die Erkenntnisse der natürlichen Vernunft voraussetzt, haben die vorausgegangenen Erörterungen über die Bedingungen menschlichen Verstehens auch für das Verstehen der Glaubensinhalte uneingeschränkte Geltung.

Was ist nun das Wesen des Christentums und damit die unverzichtbare Sache christlicher Glaubenstradition, die verstanden werden muß, damit Glaube sinnvoll sei? Es ist das rettende Handeln Gottes am Menschen, das in Jesus Christus kulminiert und durch die Schriften des Alten und Neuen Testamentes bezeugt wird. Wenngleich sich Offenbarung auch in Sätzen ereignet, primär und grundlegend sind die personale Struktur und der Ereignischarakter. Die Heilsereignisse bedürfen aber ebenso der Deutung wie die Person und die Worte des historischen Jesus. Damit ist gesagt, daß man von Offenbarung nur sprechen kann, wenn der die Geschichte deutende und die Worte vernehmende Mensch mit einbezogen wird. Offenbarung als solche, d.h. nur insofern sich jemand offenbart oder sich etwas ereignet, gibt es nicht. Ein Wort, das nur gesprochen, aber nicht vernommen wird, ist kein Wort, und ein Geschehen, dessen innere Bedeutsamkeit nicht erkannt wird, hätte unter diesem Gesichtspunkt auch genauso gut nicht geschehen sein können. Damit Offenbarung in Wirklichkeit Offenbarung sei, ist es erforderlich, daß das Geoffenbarte vernommen wird. Das Vernehmen der Offenbarung durch den Menschen ist für die Offenbarung selbst konstitutiv. Die Offenbarung stellt eine Synthese von göttlicher Initiative und menschlicher Antwort dar. Weil also zur Offenbarung der die Offenbarung Vernehmende gehört, sind die Strukturen menschlichen Vernehmens von allem Anfang an mit im Spiel.

Damit ist eine weitere, für diese Überlegungen wichtige Einsicht gewonnen. Die reine Botschaft als solche, die revelatio pura, jenseits irgendeiner geschichtlichen Gestalt, gibt es nicht. Bereits von den ersten Zeugen wurde sie von ihrem je eigenen Glaubensverständnis unter den Voraussetzungen ihres konkreten menschlichen Daseins aufgenommen und bezeugt. So wie Christus selbst Mensch einer bestimmten Kultur und Zeit geworden ist, so ist jedes Zeugnis von ihm, auch das der Schrift, immer Zeugnis einer ganz bestimmten, konkreten und damit einmaligen geschichtlichen Situation. Dabei darf die Sprache – verstanden als Ausdruck aller geschichtlichen Bedingtheiten – als die Ausdrucksgestalt des Offenbarungszeugnisses nicht so gesehen werden, als ob es möglich wäre, die Substanz der Offenbarung selbst daraus wie aus einem Gefäß zu entnehmen. Die Sprache ist vielmehr der Leib der Offenbarung, und wie wir dem Menschen nur in seiner Leiblichkeit begegnen können, so treffen wir die Offenbarung nur in der Verleiblichung einer konkreten geschichtlichen Gestalt an. Indem so die Offenbarung in den verschiedenen Kulturen und Epochen immer neue Ausdrucksgestalten annimmt, sich in der Geschichte immer aufs neue verleiblicht, hat sie eine durch den Menschen bedingte Geschichte des immer neuen Vernehmens der Offenbarung und des je anderen Eindringens in ihre Wahrheit.

III.

An zwei großen Umbrüchen der abendländischen Theologiegeschichte sollen diese theoretischen Überlegungen veranschaulicht und konkretisiert werden. Ein solcher Wandel der Denkmodelle läßt sich naturgemäß nicht auf ein Datum fixieren, er vollzieht sich vielmehr in einem langen Prozeß der Vorbereitung und der Rezeption.

Da die Schriften des Alten und des Neuen Testamentes das in der Sache normative Grunddokument des Christentums sind, muß davon zuerst gesprochen werden. Der in der Geschichte handelnde Gott steht im Zentrum; dieser Aspekt ist deshalb der leitende und verbindende Grundgedanke bei allen Unterschieden zwischen den einzelnen literarischen Gattungen der Bibel. Es wird eine Heilsgeschichte deutend nacherzählt. Das narrative, erzählerische Element überwiegt. Mythen, Gleichnisse, Wundererzählungen und Bilder sind – den Grunderfahrungen und aramäisch-semitischer Denkform entsprechend – die bevorzugten Darstellungsmittel, um von der mit der Darstellungsart nicht identischen Sache zu sprechen. Begriffliches Erfassen und lehrhafte Definitionen begegnen nur in Ansätzen. Besonders aufschlußreich ist für diese Überlegungen die Tatsache, daß es bereits innerhalb der Schriften des Neuen Testamentes sehr unterschiedliche theologische Entwürfe gibt, um die gleiche Botschaft zu verkünden. Der Grund für die Unterschiedlichkeit liegt nicht nur bei der individuellen Eigenart der jeweiligen Autoren, sondern auch bei den unterschiedlichen Voraussetzungen der Adressaten. Einige Hinweise sollen das belegen. Weil sie viele Gemeinsamkeiten aufweisen, nennt man die drei ersten Evangelien – Matthäus, Markus und Lukas – die synoptischen, die zusammenschauenden. Gleichwohl weichen sie so stark von einander ab, daß man bei jedem von einer je ihm eigenen Theologie sprechen kann. Markus erzählt ausführlich das Leiden Jesu und versteht dessen ganzes Leben als einen Weg nach Golgotha. Matthäus will in seinem Evangelium den Nachweis erbringen, daß Jesus der im Alten Testament verheißene Messias ist. Das Lukas-Evangelium richtet sich vor allem an Heiden und Heidenchristen. Diese unterschiedlichen Intentionen und Zielsetzungen haben unterschiedliche Entwürfe von Theologie zur Folge. Demgegenüber stellt das Johannes-Evangelium eine weit fortgeschrittene theologische Durchdringung der Inhalte der Jesusüberlieferung dar. Noch einmal einen anderen Charakter haben die Paulus-Briefe, die ganz von dessen Missionstätigkeit und damit stark von den Adressaten her geprägt sind. Das sind jedoch nur unterschiedliche Betrachtungsweisen innerhalb der gleichen Zeit, eines gemeinsamen Denkmodells.

Man braucht nun nur etwa das Neue Testament aufzuschlagen und damit ein theologisches Werk einer späteren Epoche, sei es die Summe der Theologie des Thomas von Aquin, ein dogmatisches Lehrbuch des beginnenden 20. Jahrhunderts oder eine Sammlung kirchlicher Lehrentscheidungen zu vergleichen, dann wird das Problem der unterschiedlichen Denkmodelle unmittelbar bewußt. Wenn die Art der Darstellung zur Identität der Sache des Christentums zählte, dann könnte man nur feststellen, daß keinerlei Gemeinsamkeit besteht.

Was war geschehen? Das frühe Christentum breitete sich, dem Missionsauftrag folgend, zunächst in den hellenistischen Raum hinein aus.

Es stieß dabei auf einen völlig anderen Denkhorizont. Griechischem Nachdenken über die Wirklichkeit ging es von allem Anfang an um das bleibende, unveränderliche Wesen der Dinge, letztlich um das absolute Sein. Die Metaphysik, die nach dem fragt, was hinter der von uns erfahrbaren Natur als der immer mit sich selbst identische Grund steht, ist die höchste Wissenschaft. Von einem solchen Ansatz her fehlt der Blick und das Verständnis dafür, daß sich in der Geschichte Entscheidendes ereignen könnte. Der Gott der Griechen ist das unbewegt bewegende Weltprinzip, aber nicht der Gott, der sich in eine Geschichte mit dem Menschen hineingibt. Erkenntnis gewinnt man in der Begriffsbildung, in der das Wesen der Dinge, das, was etwas ist, erfaßt wird. Mit dieser Fragestellung begegnet der spätantike Mensch auch dem Christentum. Er bemüht sich unter größten Anstrengungen, die Heilsereignisse auf den Begriff zu bekommen, sie mit den statischen Kategorien griechischer Philosophie zu denken. Dabei werden durchaus neue Akzente gesetzt, andere, zum Teil nicht unwichtige Gesichtspunkte treten jedoch zurück.

In dem allen Einzelaussagen zugrundeliegenden Verständnis von ‚sein‘ wird diese Differenz unmittelbar greifbar. Die alttestamentliche Exegese hat überzeugend herausgearbeitet, daß das hebräische Wort ‚haja‘, das gemeinhin mit ‚sein‘ übersetzt wird, Konnotationen, zusätzliche Bedeutungen besitzt, durch die es sich vom griechischen Seinsbegriff deutlich abhebt. So ist insbesondere der Aspekt des Wirkens, der Dynamik damit verbunden. Da der schlechthin Wirkende der personale Gott ist, wird ‚sein‘ wesentlich vom Personsein, vom Subjekt her verstanden. Der Bezug zum Menschen ist deshalb für das alttestamentliche Gottesverständnis wesentlich; in dem Gottesnamen Jahwe (Adonai) ist dieser Aspekt unmittelbar mitgegriffen. Nicht ‚ich bin, der ich bin‘ ist die angemessene Übersetzung, sondern ‚ich werde (für euch) dasein, der ich dasein werde‘. Demgegenüber ist der griechische Seinsbegriff an einem apersonalen, dinghaften Verständnis von Sein orientiert. Darin liegen die Vorentscheidungen, die im Mittelalter unter dem Einfluß griechischer Philosophie zu einer dinglich-sachhaft orientierten Theologie führten. Man fragte, was Gott ist, was Christus, was der Mensch, was die Gnade usw., man fragte also nach dem Wesen. Die Funktion und der Ereignischarakter und damit der Bezug zum Menschen traten stark in den Hintergrund.

Unter Zuhilfenahme griechischer Philosophie versuchte man, die Wesensfragen zu beantworten. So kam es zu einer Wesenstheologie, mit der Begriffe im Zentrum christlicher Theologie auftauchten, wie etwa Substanz, Akzidens, Form, Materie, Akt oder Potenz, von denen sich in der Schrift keine Spur findet.

In späterer Zeit sprach man bisweilen mit Blick auf diese Epoche von Hellenisierung des Christentums; der negative Grundton war dabei nicht zu überhören. Daß es extreme Positionen gab, ist unbestritten. Aber genau so unbestritten sollte die Tatsache sein, daß das Christentum nur in diesem Denkhorizont den Anforderungen der damaligen, unter dem Anspruch des aristotelischen Wissensbegriffs stehenden Zeit gerecht werden konnte.

Von Modifikationen, auf die hier nicht näher eingegangen werden kann, abgesehen, beherrschte diese Grundorientierung die katholische Theologie bis in die erste Hälfte unseres Jahrhunderts. In der Zwischenzeit hatte das der jüdisch-christlichen Tradition entstammende Personverständnis außerhalb der Theologie zu einem neuen, personalexistentiell orientierten Denkmodell geführt. Der Dogmatiker Michael Schmaus (1897–1994), einer der bedeutendsten Theologen unseres Jahrhunderts, hat die Erfordernisse der Zeit erkannt und schon in den vierziger Jahren den Versuch gemacht, die gesamte Theologie von der personalen Relation, von der Ich-Du-Beziehung her neu zu konzipieren und damit in einem Denkhorizont zu präsentieren, in dem der heutige Mensch von der Botschaft des Evangeliums erreicht werden kann. In einer solchen Theologie steht naturgemäß die Frage nach dem Geschehen, nach dem Tun und der Funktion im Vordergrund. Sie kommt damit der Art, wie die Schrift selbst die Offenbarung vermittelt, sehr nahe. Der Grundgedanke, daß Offenbarung nur zur Offenbarung wird, wenn sie den Menschen erreicht, ist die leitende Idee. Mit anderen Worten: Die Wahrheit in ihrem Ansich-Sein gewinnt erst Bedeutung, wenn sie in ihrer Zuordnung zum Menschen gesehen und auf ihren Sitz im Leben hin befragt und untersucht wird. Offenbarung wird nicht primär verstanden als Mitteilung von absoluten Wahrheiten, sondern als heilshafte Begegnung zwischen Gott und Mensch. Der von Gott angesprochene Mensch ist immer mit im Spiel. Wenn das zutrifft, dann muß Theologie anthropozentrisch sein, sie muß sich auf den Menschen ausrichten; aber wiederum nicht auf das Wesen des Menschen als solchen, sondern auf den konkreten Menschen in seiner jeweiligen geschichtlichen Situation. Das Eindringen in den geistigen Horizont einer Zeit und die Analyse des Selbstverständnisses des Menschen zählen deshalb zu den Aufgaben der Theologie. Damit wird der Adressat der Offenbarung überhaupt erst entdeckt. Mit allen wissenschaftlichen und außerwissenschaftlichen Mitteln einer Zeit ist dann der Glaube auf seine Bedeutung für den Menschen zu befragen und zu erschließen. Ein solches Vorgehen ist nicht nur legitim, sondern gefordert. „Die göttliche Offenbarung ist an kein Weltbild unlöslich gebunden. Jedes Weltbild kann als Ausdrucksgestalt dessen, was Gott in seiner Selbstmitteilung eröffnet hat, verwendet werden" (M. Schmaus, Der Glaube der Kirche, St. Ottilien 2. Aufl. 1979, I, 3.5). Die Gnade, das Heil Gottes, verstanden als die personale Hinwendung Gottes zum Menschen, findet in Jesus Christus ihre höchste Verwirklichung. Die Kirche hat den Auftrag, dieses Ereignis in jeder Zeit und Kultur gegenwärtig zu setzen, und zwar so, daß es als Befreiung des Menschen verstanden werden kann. In den einzelnen Sakramenten wird diese personale Zuwendung Gottes noch einmal konkretisiert auf bestimmte, herausgehobene Situationen im Leben des Menschen hin. Immer erfordert das Wort Gottes die freie Antwort des Menschen. Wenn aber das Wort Gottes den Menschen nicht erreicht, kann er verständlicherweise auch nicht antworten. Ein solcher Ansatz, bei dem die personale Relation zum Strukturprinzip wird, hat Konsequenzen bis in die letzte theologische Aussage hinein.

Dieser zweite epochale Umbruch in der Überlieferungsgeschichte des Christentums ist noch keineswegs zum endgültigen Durchbruch gekommen, wenngleich er vom Zweiten Vatikanischen Konzil voll abgedeckt wurde.

IV.

Abschließend könnte man fragen, ob solche Transformationen, einmal davon abgesehen, daß sie geschehen sind, erforderlich waren. Hätte man nicht einfach durch alle Jahrhunderte das Alte und Neue Testament lesen und es dabei belassen können? Wenn die Wirklichkeit der in Christus geschehenen Selbsterschließung Gottes mit der Rede über diese Wirklichkeit nicht identisch ist – und daran kann niemand zweifeln –, und wenn gleichzeitig der Auftrag besteht, allen Völkern und Zeiten davon Kunde zu geben, kann die Antwort nur negativ ausfallen. Wenn vergangene Denkmodelle nicht mehr verstanden werden, werden sie als Träger christlicher Inhalte zu Hindernissen der Glaubensüberlieferung. Darüber hinaus besteht die große Gefahr, daß Zeitbedingtes für die Sache selbst gehalten und gerade dadurch das Wesentliche verfehlt wird. Daß es im Einzelfall schwierig sein kann, zwischen Form und Inhalt zu unterscheiden, läßt sich nicht leugnen. Das entbindet aber nicht davon, gerade dieser Aufgabe größte Aufmerksamkeit und Sorgfalt zukommen zu lassen. Positiv ist damit gesagt, daß jedes Weltbild und jede Denkform als Ausdrucksgestalt der göttlichen Offenbarung herangezogen werden kann. Es gibt nur die Alternative, am Buchstaben festhalten und die Sache, den Geist verlieren, oder den Buchstaben aufgeben und dadurch bei der Sache bleiben.

Wer diesen Versuch, den Inhalt des Glaubens in einer von der jeweiligen Zeit geforderten Denkform zur Sprache zu bringen, negativ deutet und als Anpassung an den Zeitgeist diffamiert, hat nicht verstanden, worum es im Christentum geht. Alle großen und von der Kirche anerkannten Theologen der Vergangenheit verdanken ihren Rang genau diesem Bemühen, zu ihrer Zeit zeitgemäß gewesen zu sein.

Die Identität des christlichen Glaubens liegt in der Sache, nicht in den Worten, mit denen davon gesprochen wird. Das gilt für die Schriften des Neuen Testamentes ebenso wie für die Dogmen der Kirche und dogmatische Abhandlungen. In dem Bemühen, zeitgemäß zu sein, geht es nicht darum, ein anderes Evangelium zu verkünden, sondern gerade um der Identität und der Unabänderlichkeit der Wahrheit willen, es unter veränderten Bedingungen anders zu verkünden.

Fundamentalismus –
Versuchung des Glaubens

I.

Um die Mitte des 17. Jahrhunderts hat Blaise Pascal (1623–1662) folgende Sätze niedergeschrieben: „Bedenke ich die kurze Dauer meines Lebens, aufgezehrt von der Ewigkeit vorher und nachher; bedenke ich das bißchen Raum, den ich einnehme, und selbst den, den ich sehe, verschlungen von der unendlichen Weite der Räume, von denen ich nichts weiß und die von mir nichts wissen, dann erschaudere ich und staune, daß ich hier und nicht dort bin; keinen Grund gibt es, weshalb ich gerade hier und nicht dort bin, weshalb jetzt und nicht dann. Wer hat mich hier eingesetzt? Durch wessen Anordnung und Verfügung ist mir dieser Ort und diese Stunde bestimmt worden? (Fragment 205). Das Schweigen dieser unendlichen Räume macht mich schaudern" (Fragment 206).

In diesen Sätzen hat der berühmte französische Religionsphilosoph und Mathematiker dem Daseinsgefühl des Menschen der Neuzeit Ausdruck verliehen. Was war der Grund für diese Erfahrung der Verlorenheit im Unendlichen? In der abendländischen Geistesgeschichte hatte sich ein mit keiner anderen Epochenwende vergleichbarer, in die tiefsten Wurzeln reichender Umbruch vollzogen. Die Antike verstand die Welt als Kosmos, als ein wohlgeordnetes Ganzes, das in sich ewig, aber räumlich begrenzt und in seinen Abläufen determiniert war. Vom Mittelalter wurde diese Sicht übernommen und, trotz notwendiger Korrekturen durch den Schöpfungsgedanken, noch verstärkt. Die Welt ist von Gott nach seinen eigenen ewigen Ideen geschaffen und deshalb in ihrer Grundstruktur nicht beliebig. Der Ordo-Gedanke ist für die mittelalterliche Seinslehre und damit für das ganze Weltverständnis konstitutiv. Die Stufung und Ordnung der Welt wird als heilige Ordnung, als Hierarchie verstanden. Trotz ihrer grundsätzlichen Endlichkeit hat die Welt als Realisierung eines vorausliegenden, ewigen Schöpfungsplanes eine im Absoluten verankerte Tiefendimension. In diesem Zusammenhang einer

Quasi-Notwendigkeit wurden auch die gesellschaftlichen Strukturen gesehen. Kirche und Staat hatten in ihrer konkreten Ausprägung den Charakter des Gottgewollten und standen deshalb nicht beliebig zur Disposition.

In diesem umfassenden Ordnungsgefüge hatte dann auch der Mensch als Ziel der Schöpfung und Bild Gottes einen herausragenden und klar umschriebenen Platz. Da die Welt in gewisser Weise als Repräsentation Gottes verstanden wurde, war sie trotz ihrer Endlichkeit von solcher Art, daß sie dem Menschen Halt und Sicherheit bot und in allen Gefährdungen das Gefühl der Geborgenheit vermittelte. Das Objektive war das tragende Element und hatte den Vorrang vor dem Einzelnen und der Subjektivität. Auch die Frömmigkeit war überwiegend davon geprägt, was sich nicht zuletzt im Kirchen- und Sakramentenverständnis niedergeschlagen hat.

Das Christentum hatte sich zwar in dem ursprünglich heidnischen Weltbild selbst ausgelegt, diese Sicht der Welt war aber in ihren Grundstrukturen nicht spezifisch christlich. So kam es, daß das vermeintlich christliche Weltbild des Mittelalters nicht nur von der Wirklichkeit nicht abgedeckt war, sondern auch in wesentlichen Punkten dem christlichen Selbstverständnis nicht gerecht wurde. Die absolute Freiheit Gottes – sie darf nicht mit Willkür verwechselt werden –, die radikale Nicht-Notwendigkeit der Welt und die singuläre Würde des Einzelnen sprengten schließlich das Ordnungsgefüge mittelalterlicher Weltvorstellung; aus dem Kosmos drohte ein Chaos zu werden. Die Grenzen, von denen her der Mensch seinen eigenen Ort bestimmen konnte, schoben sich immer weiter hinaus, bis sie schließlich ganz fielen. Das Universum entzog sich zunehmend der Fassungskraft des Menschen. Das Bewußtsein der Unendlichkeit kam zum Durchbruch. Zwischen den Unendlichkeiten von Raum und Zeit war er ortlos geworden, hatte er seine Heimat verloren. Das Wo und das Warum ließen sich nicht mehr ausmachen; nichts mußte so sein, wie es war. Der Mensch verfiel der Zufälligkeit; er fühlte sich seiner Existenzbasis beraubt.

Da Weltbild und Gottesbild in diesem Denken eng verflochten waren, blieb auch die Gotteserfahrung von diesem Umbruch nicht unberührt.

Die Unendlichkeit des Universums verstellte schließlich den Blick auf Gott und seine Ewigkeit.

Als Nikolaus von Kues (1401–1464), einer der großen Denker des 15. Jahrhunderts, seine philosophische Überzeugung äußerte, die Erde könne nicht das Zentrum des Universums sein, und als Kopernikus (1473–1543) und Galilei (1564–1641) später den Beweis dafür erbrachten, war das deshalb nicht irgendein Gedanke unter vielen und irgendeine Entdeckung neben anderen: Es war die totale Entwurzelung des Menschen. Was blieb, war die Angst. Und sie bestimmt seither zunehmend das Daseinsgefühl und das Bewußtsein der Menschen.

II.

In dieser existentiellen Situation hat das Phänomen des religiösen Fundamentalismus seine Wurzeln. Fundamentalismus ist ein Krisenphänomen. Es geht dabei nicht primär um inhaltliche Fragen, sondern um ein formales menschliches Grundanliegen: Der Mensch braucht einen tragfähigen Grund; ein Fundament, das im Leben und im Sterben trägt. Dieses Grundbedürfnis des Menschen ist kein Gegenstand der Diskussion.

Die alles entscheidende Frage ist jedoch, worin diese Basis zu sehen ist. Der Halt, den mittelalterliches Christentum den Menschen geboten hatte, war fundamentalistisch in dem Sinne, daß durch die enge Bindung an das Weltbild Vorletztes absolute Bedeutung gewann. Die Entdivinisierung der Welt ließ das Ganze zusammenbrechen. Mit dem Beginn der Neuzeit hätte auch das Christentum grundsätzlich in eine neue Phase seines Selbstverständnisses eintreten müssen. Aber erst um die Mitte unseres Jahrhunderts war es Michael Schmaus (1897–1994), der das mehr sachhaft dingliche Denken der scholastischen und neuscholastischen Theologie durch die genuin christliche Grundkategorie der personalen Relation ablöste und dadurch den Anforderungen der Neuzeit gerecht wurde. Er machte den ersten Versuch, die gesamte Theologie von der Ich-Du-Beziehung her neu zu entwerfen.

Zunächst aber verweigerte sich die offizielle Theologie der allgemeinen geistesgeschichtlichen Entwicklung, obwohl entscheidende Impulse dafür gerade vom Christentum ausgegangen waren. So entstand eine Grundhaltung, die alle modernen Entwicklungen ablehnte, weil man meinte, sie seien mit dem Christentum nicht vereinbar. Die Aufklärung war davon genauso betroffen wie alle freiheitlich-demokratischen Bewegungen innerhalb der Gesellschaft. Vor allem die Naturwissenschaft mit der Evolutionslehre schien dem christlichen Schöpfungsverständnis diametral entgegenzustehen. Die Fronten verliefen nicht nur zwischen den profanen Wissenschaften und der Theologie; gerade innerhalb der Theologie selbst waren die Kontroversen besonders heftig.

Diese umfassende Abwehrbewegung hat man völlig zutreffend als Integralismus und Antimodernismus bezeichnet. Bei allen Modifikationen im einzelnen, die hier unerwähnt bleiben können, geht es um das zentrale Problem der Absolutheit der christlichen Wahrheit, die nie zur Disposition gestellt und durch nichts relativiert werden darf.

Diese Frage ist nicht nur von theoretischem Interesse, sie hat eine existentielle Dimension von großer Tragweite. Es geht um das verläßliche Fundament des Glaubens. Nur wenn es absolut gilt, und nicht dem geschichtlichen Wandel unterworfen ist, kann es die Wahrheit Gottes sein und dem Menschen unerschütterlichen Halt bieten.

Aus dieser Forderung heraus sind die einzelnen Fundamentalismen hervorgegangen, die auch heute noch und mit größtem Nachdruck ihre Ansprüche geltend machen.

Naturgemäß kommt dabei der Hl. Schrift hohe Bedeutung zu. Sie sei, so wird behauptet, von Gott unmittelbar dem Wortlaut nach inspiriert und deshalb absolut irrtumslos. Wenngleich der Schriftfundamentalismus vornehmlich im Raum der Evangelischen Kirche anzutreffen ist, zeigen sich doch auch im katholischen Umfeld solche Tendenzen, wie die bisweilen schroffe Ablehnung der historisch-kritischen Methode bei der Schriftauslegung deutlich macht. Typisch für den katholischen Fundamentalismus ist jedoch die Überbetonung der Autorität des Papstes, wobei wiederum die häufig falsch verstandene Lehre von der Unfehlbarkeit im Vordergrund steht. Die Freiheit des Gewissens wird dann als mit dieser Autorität unvereinbar verworfen. Moralischer Rigorismus ist nicht selten damit verbunden. Am schwersten nachvollziehbar ist der Traditionalismus, der einen beliebigen Ausschnitt der Tradition absolut setzt und zur Norm für Kirche und Theologie erheben will.

Auf den ersten Blick hat der Fundamentalismus etwas Faszinierendes an sich. Er bietet in der Tat klar umschriebene Positionen, an denen man sich halten kann und kommt so dem Sicherheitsbedürfnis der Menschen entgegen. Haufig verbirgt sich darin sogar der Versuch und die Versuchung, sich auch Gott gegenüber noch einmal abzusichern.

III.

Gerade weil es zur Strategie des Fundamentalismus gehört, die Verbindlichkeit der vertretenen Position einfach zu postulieren und jede Begründung zu verweigern, muß an dieser Stelle unserer Überlegungen die Frage nach der Wahrheit des christlichen Glaubens grundsätzlich gestellt werden.

Dabei ist zunächst vom Menschen und seiner Erkenntnisfähigkeit zu sprechen. Der Mensch ist ein endliches Wesen und alle menschliche Erkenntnis ist dieser Bedingung der Endlichkeit unterworfen. Jede Erkenntnis ist grundsätzlich durch das Fassungsvermögen des erkennenden Subjektes begrenzt. Das gilt in besonderem Maße für die Gotteserkenntnis. Gott kann vom Menschen nie in seiner Absolutheit erkannt werden. Da die Selbsterschließung Gottes in Jesus Christus die natürlichen Strukturen menschlicher Intellektualität voraussetzt, stehen auch Offenbarung und Theologie unter diesem Gesetz. Wenn Gott zum Menschen sprechen wollte, dann konnte das grundsätzlich nur in einer dem Menschen gemäßen Weise geschehen. Damit ist aber gesagt, daß der Mensch auch die Wahrheit des Glaubens nie in absoluter Weise haben kann; sie ist immer nur in vorläufiger Form gegeben. Unser Wissen ist, wie schon Paulus formulierte, Stückwerk (1. Korintherbrief 13,2).

Was vom Menschen begriffen und in Sätzen formuliert werden kann, kann also nie Gott sein. Es gibt keine absoluten Sätze. Auch von Gott kann der Mensch nur auf endliche Weise sprechen. Ein begriffener Gott ist nicht Gott, sondern ein Götze, eine Projektion menschlichen Denkens. Die große Tradition der philosophia und theologia negativa – beginnend mit Paulus, über Dionysius Ps. Areopagita (5./6. Jh.), Thomas von Aquin (1225–1274), Nikolaus von Kues, um nur einige der bedeutendsten Namen zu nennen – hat diesen Gedanken mit Nachdruck herausgearbeitet: Wir können von Gott nicht wissen, was er ist, sondern nur was er nicht ist.

Was bedeutet das für unser Thema? Alle Sätze, die im Kontext des Christentums formuliert werden, sind nicht die Sache selbst, sondern sprechen von einer Wirklichkeit, die von uns nie angemessen begriffen werden kann. Das Neue Testament ist nicht die Offenbarung Gottes, es ist nicht das Wort Gottes, sondern es spricht in menschlicher und interpretierender Weise vom menschgewordenen Wort Gottes, es enthält Offenbarung, ist aber nicht damit identisch.

Gleiches gilt für die Lehre der Kirche. Auch wenn man akzeptiert, daß der Kirche der Beistand des göttlichen Geistes zugesagt ist, sind auch die Dogmen nicht die Sache selbst, sondern sie sprechen – durchaus in verbindlicher Form – in menschlichen Worten und Denkmodellen von der Wirklichkeit, die sie anzielen. Wenn das für die Schrift und die Lehre der Kirche gilt, dann noch vielmehr für die verschiedenen Realisierungen von Christentum im Laufe der Geschichte. Alle Epochen sind mehr oder weniger geglückte menschliche Versuche, Christsein zu verwirklichen. Irgendeine dieser Epochen absolut zu setzen, entbehrt jeder vernünftigen Grundlage.

Ein weiteres ist zu bedenken. Das Wesen des Christentums ist nicht eine Wahrheit, die man in Sätzen formulieren könnte, es ist keine Lehre, sondern eine Tat Gottes: seine Menschwerdung in Jesus Christus, dessen Tod und Auferstehung. Wenn man sich diesen Sachverhalt bewußt macht, wird die Differenz zwischen der Wirklichkeit und den Worten und Sätzen, mit denen davon gesprochen wird, besonders deutlich. Mit dem Blick auf die Wirklichkeit Gottes sind alle Theologien Hypothesen und Theorien von endlichen Menschen, die immer wieder durch andere, der jeweiligen Zeit angemessenere ersetzt werden müssen. Sie absolut zu setzen, wäre eine Form von Atheismus, weil Erklärungsversuche an die Stelle der Wirklichkeit, die sie erklären sollen, treten würden.

Ein Vergleich mag das Gesagte verdeutlichen. Die moderne Physik weiß, daß jede Formel immer nur ein Versuch ist, aus der Sicht des Menschen das Universum beschreibend zu deuten; die Sache selbst wird nie begriffen. In unvergleichlich höherem Maße gilt das für die Theologie. Mensch und Universum stehen in gewisser Weise auf der gleichen Seite der von Gott gegründeten Wirklichkeit. Gott und Mensch verhalten sich dagegen wie der Grund und das Begründete; die Inkommensurabilität ist grundsätzlich, nicht nur zufällig unüberwindbar.

Theologisches Bemühen um Einsicht in den Glauben ist deshalb nicht gegenstandslos; man muß sich jedoch der Grenzen des auf diese Weise Erreichten und Erreichbaren bewußt bleiben.

Nikolaus von Kues hat in diesem Zusammenhang von der docta ignorantia, der belehrten Unwissenheit, gesprochen. Nicht faktische Unwissenheit, einfaches Nichtwissen, ist damit gemeint, sondern das Wissen darum, daß der Mensch, wenn es um Gott geht, in der Weise des Begreifens nichts wissen kann. Diese beiden Formen des Wissens verhalten sich, so führt der Cusaner aus, „wie das Wissen eines Sehenden zum Wissen eines Blinden in bezug auf den Glanz der Sonne" (Apologia doctae ignorantiae, Opera omnia II S. 2). Der Blinde weiß nichts davon, auch wenn er, weil ihm darüber berichtet wurde, glaubt, er wüßte etwas davon. Ein Sehender wird, danach befragt, bekennen, daß er über den Glanz der Sonne nichts weiß. Denn wer sieht, der erfährt, daß der Glanz der Sonne das Sehvermögen übertrifft, er hat das Wissen des Nichtwissens.

IV.

Diese Überlegungen haben, so hoffe ich, deutlich gemacht, daß die Rede von der absoluten Wahrheit des Christentums nicht undifferenziert gebraucht werden darf. Auch wenn man den objektiven Anspruch akzeptiert, darf damit auf keinen Fall behauptet sein, der Mensch könnte die

Wahrheit als absolute haben. Eine gehabte Wahrheit kann immer nur eine vorläufige sein. Da das grundsätzlich, nicht nur zufällig so ist, sind alle Positionen, die sich anmaßen, die Wahrheit als absolute zu haben, fundamentalistisch. Sätze stehen dann an der Stelle der Sache, von der sie sprechen sollen; die Sache selbst aber wird dabei verfehlt. Alle Sätze jedoch, auch die Dogmen, müssen für weiteres und tieferes Nachfragen offen bleiben.

Christlicher Glaube kann dann in sein Gegenteil umschlagen. Er kann, ohne daß solches beabsichtigt ist, zu einer verdeckten Art des Atheismus werden. Mit besonderem Eifer werden dann menschliche Entwürfe und Absolutsetzungen mit der Sache des Christentums verwechselt und im Namen Gottes verkündet. Die damit verbundenen Gefahren sind offenkundig. Wer sich im Besitz der absoluten Wahrheit meint, sieht in der Regel keinen Grund, sich der Diskussion zu stellen, und steht immer in der Gefahr, seine Position in Macht anderen gegenüber umzumünzen. Das hat auf der anderen Seite zur Folge, daß Freiheit beschnitten wird und am Ende verloren geht. Wo aber Freiheit verloren geht, gehen die Voraussetzungen christlicher Existenz verloren. Auf Gehorsamsforderungen läßt sich Christsein nicht begründen. Und schließlich werden die Fundamente, die Sicherheit bieten sollten, irgendwann wieder zerbrechen, wodurch dann Angst und Verunsicherung noch größer werden.

V.

In der Formulierung unseres Themas ist davon die Rede, daß fundamentalistische Grundhaltungen eine Gefahr des Glaubens darstellen. Zwei Aspekte sind damit angesprochen: Der Fundamentalismus ist zum einen eine Gefahr, die aus dem Glauben aufsteigt, und zum anderen eine Gefahr, die den Glauben bedroht.

Die erste erwächst aus dem Bedürfnis des Menschen nach Sicherheit und Absicherung. Der Mensch denkt und lebt zunächst von seinen innerweltlichen Erfahrungen her. Begreifend und wissend orientiert er sich und gewinnt dadurch ein hohes Maß an Sicherheit im Umgang mit der Wirklichkeit. Im Glauben an Gott muß er diese Welt übersteigen auf das

Unbegreifliche hin. Das ist ein Wagnis, welches für den Glauben die permanente Versuchung bedeutet, sich auch Gott so wie den innerweltlichen Dingen gegenüber zu verhalten; sich in Sätzen und Worten Gottes gewissermaßen zu bemächtigen und auf diese Weise am Ende über ihn zu verfügen, indem man an diese selbstformulierten Sätze so glaubt, als seien sie die Wirklichkeit Gottes selbst.

Dieses fundamentalistische Bedürfnis schlägt dann um in die Gefahr für den Glauben. Glauben im christlichen Verständnis ist nicht ein Für-Wahr-Halten von Sätzen gleich welcher Art. Glauben ist vielmehr eine personale Relation. Deshalb lautet die Grundgestalt nicht: Ich glaube etwas, sondern ich glaube dir. Erst in zweiter Linie und getragen von der Glaubwürdigkeit der bezeugenden Person bezieht sich Glaube auch auf Sachverhalte. Dieses Modell zwischenmenschlicher Beziehung gilt analog auch für das Verhältnis Mensch – Gott. Alles, was sich zwischen Gott und den Menschen stellt, ist deshalb eine echte Gefahr für den Glauben. Und davon kann man den Fundamentalismus nicht freisprechen.

Nachdem alle innerweltlichen und selbstentworfenen Absolutheitsansprüche zusammengebrochen sind, eröffnet sich jedoch der Blick auf das einzige, aber auch wirklich absolute und tragende Fundament, an dem der Mensch Halt finden und wodurch er seine Existenzangst überwinden kann: auf den lebendigen Gott.

Voraussetzung dafür ist aber, um noch einmal den Cusaner zu zitieren, das Wissen um unsere Unwissenheit, das „scire nos ignorare" (De docta ignorantia I, 1).

Widerspruch als Loyalität –
Gegen die Resignation in der Kirche

I.

Im allgemeinen Bewußtsein des abendländischen Menschen unserer Tage verliert das Christentum ständig an Bedeutung und Einfluß. Viele sehen darin, falls man überhaupt davon Kenntnis nimmt, nicht nur keinen Verlust, sondern eher einen Gewinn. Daß zentrale Aufbauprinzipien und Werte unserer Gesellschaft, auf die niemand verzichten will, sich ausschließlich christlichen Wurzeln verdanken, wird dabei nicht bedacht; es sei nur an das Verständnis des Menschen als Person, als moralisches Subjekt von unantastbarer Würde mit allen sich daraus ergebenden Konsequenzen erinnert.

Auf diesem geistesgeschichtlichen Hintergrund gerät jede Kritik an der Kirche in den Verdacht, gegen das Christentum selbst gerichtet zu sein und dadurch den Prozeß der Entchristlichung des Abendlandes voranzutreiben oder zumindest der Utopie eines Christentums ohne Kirche das Wort zu reden. Solches ist nicht die Absicht der nachfolgenden Erörterungen. Ganz im Gegenteil; es liegt ihnen die Überzeugung zugrunde, daß dem Christentum für eine menschenwürdige Zukunft der Welt durch nichts zu ersetzende Bedeutung zukommt.

Wenn hier trotzdem einige kritische Anfragen insbesondere an die katholische Kirche gerichtet werden und wenn Widerspruch angemeldet wird, dann geschieht das nicht gegen das Christentum, sondern um der Sache des Christentums willen. Es gibt nämlich nicht nur viele von außen kommende, profane Gründe dafür, daß das Christentum dabei ist, zur Bedeutungslosigkeit abzusinken. Auch die Kirchen leisteten und leisten ihren Beitrag dazu. Diese gewiß schwerwiegende Behauptung ist nicht vorschnell ausgesprochen. Im folgenden Zitat, das ich an den Anfang meiner Überlegungen stellen möchte, ist das Gemeinte besonders klar zum Ausdruck gebracht. Es wurde zwar schon vor beinahe 25 Jahren niedergeschrieben, hat jedoch, wie sich zeigen wird, nichts an Aktualität verloren:

„Der christliche Glaube ist für den Menschen aller Zeiten ein Skandal: Daß der ewige Gott sich um uns Menschen annimmt und uns kennt, daß der Unfaßbare in dem Menschen Jesus faßbar geworden, daß der Unsterbliche am Kreuz gelitten hat, daß uns Sterblichen Auferstehung und ewiges Leben verheißen ist: Das zu glauben ist für den Menschen eine aufregende Zumutung. Diesen christlichen Skandal hat das Konzil nicht aufheben können und wollen. Aber wir müssen hinzufügen: Dieser primäre Skandal, der unaufhebbar ist, wenn man nicht das Christentum aufheben will, ist in der Geschichte oft genug überdeckt worden von dem sekundären Skandal der Verkündiger des Glaubens, der durchaus nicht wesentlich ist für das Christentum, aber sich allzugern mit dem Grundskandal verwechseln läßt und sich in der Pose des Martyriums gefällt, wo man in Wahrheit nur das Opfer der eigenen Engstirnigkeit ist. Sekundärer, selbstgemachter und so schuldhafter Skandal ist es, wenn unter dem Vorwand, die Rechte Gottes zu verteidigen, nur eine bestimmte gesellschaftliche Situation und die in ihr gewonnenen Machtpositionen verteidigt werden. Sekundärer, selbstgemachter und so schuldhafter Skandal ist es, wenn unter dem Vorwand, die Unabänderlichkeit des Glaubens zu stützen, nur die eigene Gestrigkeit verteidigt wird: Nicht der Glaube selbst, der längst vor jenem Gestern und seinen Formen war, sondern eben die Form, die er sich einmal aus dem berechtigten Versuch heraus verschafft hat, in seiner Zeit zeitgemäß zu sein, aber nun gestrig geworden ist und keinerlei Ewigkeitsanspruch erheben darf. Sekundärer, selbstgemachter und so schuldhafter Skandal ist es auch, wenn unter dem Vorwand, die Ganzheit der Wahrheit zu sichern, Schulmeinungen verewigt werden, die sich einer Zeit als selbstverständlich aufgedrängt haben, aber längst der Revision und der neuen Rückfrage auf die eigentliche Forderung des Ursprünglichen bedürfen. Wer die Geschichte der Kirche durchgeht, wird viele solcher sekundären Skandale finden – nicht jedes tapfer festgehaltene Non possumus war ein Leiden für die unabänderlichen Grenzen der Wahrheit, so manches davon war nur Verranntheit in den Eigenwillen, der sich gerade dem Anruf Gottes widersetzte, der aus den Händen schlug, was man ohne seinen Willen in die Hand genommen hatte. Das Gefährliche aber ist, daß dieser sekundäre Skandal sich immer wieder mit dem primären identifiziert und ihn dadurch unzugänglich macht, den eigentlich christlichen Anspruch und seine Schwere hinter den Ansprüchen seiner Boten verdeckt" (J. Ratzinger, Das neue Volk Gottes. Entwürfe zur Ekklesiologie, Düsseldorf 1969, S. 317f).

Mit diesen Sätzen hat Josef Ratzinger im Jahre 1969 die innerkirchliche Lage beschrieben; wie ich meine, zutreffend und mit einer Deutlichkeit, die nichts zu wünschen übrig läßt. Davon auch nur einen einzigen Satz zu streichen, besteht keinerlei Anlaß. Im Gegenteil! Wir haben heute Grund, diese Zustandsbeschreibung mit Nachdruck zu unterstreichen. Daß das keine gegenstandslose Behauptung ist, kann von niemandem bestritten werden und ließe sich durch zahllose Beispiele belegen.

Die von Ratzinger sogenannten <sekundären Skandale> sind in den letzten Jahrzehnten aus dem Leben der Kirche nicht verschwunden. Und dagegen muß man, so wie damals, auch heute Protest und Widerspruch einlegen. Wenn man heute dafür den Vorwurf <billiger Profilierungssucht> oder der <Philosophie des Neides gegenüber der Hierarchie> hinnehmen muß (J. Ratzinger, Communio – ein Programm, in: Internationale katholische Zeitschrift 12 (1992) 454–463, S. 461), so kann man das getrost dem kritischen Urteil mündiger Christen überlassen. Völlig unfair ist es, solchem Widerspruch Mangel an Orthodoxie und fehlende Solidarität mit der Kirche vorzuwerfen. Man kann Christentum und Kirche heute wohl kaum mehr schaden als dadurch, daß man derartige Mißstände unwidersprochen hinnimmt und dadurch indirekt das Urteil derer bestätigt, die von der Kirche nichts Positives mehr erwarten.

Die Zurückweisung solcher pauschaler Anschuldigungen impliziert kein moralisches Urteil. Bis zum Erweis des Gegenteils muß auch hier die bona fides vorausgesetzt werden. Aber guter Glaube darf auf die Vernunft, die bona ratio, nicht verzichten; sie sucht man jedoch in diesem Zusammenhang vergeblich. Und die Berufung auf den Hl. Geist kann und darf die logische Argumentation nicht ersetzen. Das Wirken des Geistes muß rational nachvollziehbar und verifizierbar sein. Auch wenn Gott spricht, ist der Mensch zum Denken und Urteilen aufgerufen. Das sollte in gleicher Weise für Rom und jede andere Autorität gelten.

Die hier angesprochenen innerkirchlichen Differenzen und Spannungen werden unterschiedlich gewertet. Viele sehen in solchen selbstgemachten, sekundären Skandalen nur zufällige Mißstände und menschliche Unzulänglichkeiten. Es handle sich um Mentalitätsunterschiede zwischen Rom und Deutschland, wobei dem antirömischen Affekt deutscher Theologen besonderes Gewicht zukomme; das Ganze sei eine Frage des Umgangs miteinander.

Eine derartige Reduktion der anstehenden Probleme auf die emotionale Ebene halte ich jedoch für eine verhängnisvolle und gefährliche Verharmlosung der tatsächlichen Situation. Es gibt hinreichende Gründe für die Annahme, daß die wirklichen Probleme tiefer liegen, daß sie streng theologischer Art sind und das Selbstverständnis der Kirche berühren. Es ist deshalb zu prüfen, ob in den zufälligen Ereignissen nicht Grundsätzliches zutage tritt und greifbar wird. Dann könnte es sich zeigen, daß es zur Bewältigung der anstehenden Probleme größerer Anstrengung bedarf.

II.

Um Kriterien zur Beurteilung von Einzelheiten zu gewinnen, muß man den Blick auf das Ganze richten, nach dem Wesen der Sache fragen. Dieses Ganze ist im Falle des Christentums eine Wirklichkeit, die aller Rede über diese Wirklichkeit vorausliegt. Es ist das rettende Handeln Gottes am Menschen durch Jesus Christus.

Bisweilen muß man sich die Selbstverständlichkeit ins Bewußtsein rufen, daß alle Theologie nur ein nachträglicher, hinter der Sache grundsätzlich zurückbleibender Versuch ist, diese Wirklichkeit mit Bildern, Denkkategorien und Vorstellungsmodellen zu beschreiben und zu deuten. Nicht selten läuft die Theologie Gefahr, mit Traktaten über diese Wirklichkeit den Blick auf diese Wirklichkeit zu verstellen und am Ende die eigenen Elaborate für die Sache selbst zu halten. Dann kann es geschehen, daß das Zuwissende hinter einer hochdifferenzierten Wissenschaft lautlos entschwindet. Und damit beginnt der Streit um Worte, Sätze und theologische Systeme, ein Streit der im Laufe der Geschichte der Kirche sehr viel Unsicherheit und Leid über die Menschen gebracht hat.

Unter Verzicht auf differenzierende Wissenschaftlichkeit, die immer größere Bibliotheken füllt, soll hier nur nach der Sache selbst und ihren Konturen gefragt werden. Vereinfachungen lassen sich dabei nicht vermeiden, sie dienen aber der Klarheit.

Worum geht es also im Christentum? Es ist die Botschaft, daß Gott durch Jesus Christus der Welt sein endgültiges Heil zugesprochen hat und dieses nicht mehr zurücknehmen wird. „Gott will, daß alle Menschen gerettet werden" (1. Timotheusbrief 2,4). Damit ist jeder elitäre Heilspartikularismus als zutiefst unchristlich von vornehrein zurückgewiesen. Das Heil des einzelnen Menschen kann und darf nicht von äußeren Faktoren abhängig gemacht werden, wie etwa der Zugehörigkeit zu einer Kirche. Damit wäre der universale Heilswille Gottes von Zufälligkeiten eingeschränkt und in gewisser Weise konfessionalisiert. Über Jahrhunderte hat sich das Christentum, von wenigen, allerdings herausragenden Ausnahmen abgesehen, so verstanden, genauer gesagt, mißverstanden. Es bedurfte eines langen Weges voller schwerster Irrungen, bis die Kirche mit der <Erklärung über die Religionsfreiheit> auf dem II. Vatikanischen Konzil in dieser Frage zu ihrem ursprünglichen Selbstverständnis zurückfand und ohne Vorbehalt anerkannte, daß der Mensch „nicht daran gehindert werden darf, gemäß seinem Gewissen zu handeln, besonders im Bereich der Religion" (Art. 2). Daß in unseren Tagen von bestimmten Gruppierungen mit größtem Nachdruck dagegen polemisiert wird, sollte sehr nachdenklich stimmen.

Mit der Freiheit des Menschen kommt der andere Aspekt des göttlichen Heilswillens in den Blick. Erlösung von Schuld und Sünde, Befreiung aus der Verzweiflung letzter Sinnlosigkeit geschehen nicht nur am Menschen, sondern wesentlich mit dem Menschen. Im vorpersonalen Bereich gibt es weder Heil noch Unheil. Immer ist dafür die freie Entscheidung menschlicher Verantwortung vor Gott gefordert. Darin ist die unantastbare Würde des Menschen verankert. Heil hat in christlichem Verständnis personale Struktur. Die Freiheit gehört deshalb in die Definition des Christentums. Nur in dem Maß, in dem der Mensch aus dem Geist der

Freiheit lebt, realisiert er wirklich Christsein, „wo der Geist des Herrn waltet, da ist Freiheit" (2. Korintherbrief 3,17).

Das Handeln Gottes und die freie personale Entscheidung des Menschen bilden eine innere Einheit. Das heil- und sinnstiftende Wirken des Geistes Gottes geht zwar jedem menschlichen Bekenntnis und Bemühen voraus, indem es die freie Gewissensentscheidung ermöglicht, es kommt aber ohne die Antwort des Menschen nicht zu seinem Ziel.

In diesem Ineinandergreifen zeigt sich, daß das Heil Gottes universal ist, d.h. daß es nicht an Institutionen gebunden ist, weil es am Ende wesentlich vom Menschen als moralischem Subjekt mitkonstituiert wird. Allein persönliche Schuld kann über Heil oder Unheil entscheiden; nur in der Entscheidung des einzelnen liegt eine real mögliche Begrenzung des allgemeinen Heilswillens Gottes. Denn alles, was sich in der Welt an Gutem und Wahrem findet, gilt als Gabe dessen, „der jeden Menschen erleuchtet, damit er schließlich das Leben habe", so die Kirchenkonstitution (Kap. 2, Art. 16) des II. Vatikanums.

III.

An dieser Stelle unserer Überlegungen erhebt sich unabweisbar und mit besonderer Dringlichkeit die Frage nach Ort und Sinn von Kirche im Ganzen dieses Geschehens zwischen Gott und Mensch. Wozu braucht es noch eine Kirche, wozu ein gemeinsames Glaubensbekenntnis, wozu Ämter und Dogmen, wenn Gott immer schon durch seinen unbedingten Heilswillen alle Grenzen gesprengt hat? Verkürzt könnte man darauf antworten: Um der Welt diesen Gott der Liebe zu verkünden, um allen Zeiten die Botschaft gegenwärtig zu setzen, in Wort und Sakrament, daß Gott durch Tod und Auferweckung Jesu sowie durch die Geistsendung das endgültige Heil gewirkt und alle Menschen dazu berufen hat.

Mit dieser Antwort sind wichtige Einsichten über das Wesen der Kirche gewonnen. Es geht im Ganzen des Christentums nicht um die Kirche. Die Kirche ist nicht Selbstzweck, sie trägt ihren Sinn nicht in sich selbst. Sie ist nicht das Heil. Ihr Wesen ist es vielmehr ausschließlich, vermittelndes und interpretierendes Zeichen für das in Christus geschehene Heil zu sein. Sie muß je für ihre Zeit Zeuge des Auferstandenen sein.

Für das Heil des Menschen aber steht allein Gott; es ist und bleibt sein unverfügbares Geschenk. Das ist die Grundaussage christlicher Rechtfertigungslehre. Die Heilsfrage als solche darf deshalb nie der Vergesetzlichung und damit der Kirche ausgeliefert werden.

Das Wesen der Kirche ist es also, vermittelndes Zeichen zwischen Gott und den Menschen zu sein. In sich ist die Kirche freilich ein hochkomplexes Gebilde, in dem Geistliches und Empirisches ineinandergreifen. Kirche umfaßt eine sakramentale und eine institutionelle Dimension; beide verhalten sich zu einander wie Bleibendes und Wandelbares. Von einer <Amtskirche> zu sprechen, ist genau genommen theologisch nicht möglich. Daß aber die Wirklichkeit <Kirche> diese beiden Dimensionen umgreift, sollte immer mitbedacht werden. Die Theologie bemüht sich, in verschiedenen Ekklesiologien dieser Wirklichkeit annähernd gerecht zu werden.

In unserem Zusammenhang geht es jedoch nur um die Ortsbestimmung im Ganzen des Beziehungsgefüges von Gott und Mensch. Die Orts- und Wesensbestimmung der Kirche als vermittelndes Zeichen steht vor der Klammer von allem, was in der Kirche vorkommt und gegeben ist. Alle Institutionen und Ämter müssen von dieser Dienstfunktion her verstanden und praktiziert werden; aus sich selbst haben sie keinerlei Berechtigung. Gott hat sein Heil nicht exklusiv an die Kirche gebunden, er wirkt es, wo immer er will. Die Kirche muß dieses universale Heilsangebot der ganzen Welt transparent machen. Wenn sie dadurch, daß sie sich selbst zum Gegenstand der Botschaft macht, das Heil Gottes verstellt, verfehlt sie ihr Wesen.

IV.

Um die absolute Unverfügbarkeit des Heiles Gottes von dem durch die Kirche zu leistenden Dienst abzugrenzen, unterschied Thomas von Aquin, einer der großen Denker des Christentums, zwischen <principa-

liter> und <secundario> (Summa Theologiae I/II q.106, art.1; q.108, art.1). Das Ursprüngliche, Wesentliche und allein Entscheidende ist die gratia spiritus sancti, das Hineingenommensein des Menschen in die Bewegung jener Liebe, mit der sich Gott der Welt immer schon zugewandt hat. Das bezeichnet die Theologie mit dem Begriff der Gnade, der <gratia infusa>; sie ist dem Menschen von Gott eingegeben, <indita>, und nicht durch eine andere Instanz vermittelt, <non scripta>. Erst in zweiter Linie, <secundario>, kommt der Kirche die Aufgabe zu, den Menschen in Wort und Schrift zum Glauben an diese Gnade hinzuführen und die Teilhabe daran sakramental zu ordnen und zu vermitteln (vgl. hierzu W. Korff, Thomas von Aquin und die Neuzeit, in: Philosophie im Mittelalter. Entwicklungslinien und Paradigmen, hrsg. v. J. Beckmann, Hamburg 1987, S. 387–408).

Genau in diesem <secundario>, in dieser Zweitrangigkeit, liegt die Wurzel der Gefahr, von der die Kirche immer bedroht ist und der sie bald mehr, bald weniger, nie jedoch völlig, erliegt: Es ist das Zurücktreten des medialen Charakters, die Versuchung, das <secundario> zum <principaliter> zu erheben; das, was seinem Wesen nach das Begründete ist, faktisch zum Ursprung zu machen. Diese Gefahr hat zwei Einbruchstellen; die Konsequenzen pervertieren das Wesen der Kirche.

Das In-den-Hintergrund-Treten der medialen Funktion kann dazu führen, daß sich die Kirche unbemerkt von ihrem Ursprung löst und sich selbst an die Stelle jener Wirklichkeit setzt, auf die hin sie vermitteln soll. An einem solchen Prozeß der Verselbständigung nehmen dann naturgemäß alle Funktionen in der Kirche teil; und alle nehmen damit auch teil an der Verfehlung ihres ursprünglichen Sinnes.

Es wird dabei natürlich nach wie vor von Gott gesprochen. Es kann aber geschehen, daß die Worte und die Sätze, mit denen von Gott gesprochen wird, mächtiger werden als die Wirklichkeit, von der sie sprechen; bis sie schließlich an die Stelle dieser Wirklichkeit selbst treten und das Geheimnis Gottes mehr und mehr dem Blick entschwindet. Man kann solange mit dem Wort <Gott> umgehen, bis es nur noch ein Wort ist und auf nichts mehr verweist. Dann wird es mit einem begreifbaren Inhalt und mit menschlichen Vorstellungen gefüllt. Und so kommt man schließlich zu einem begriffenen und deshalb verfügbaren und instrumentalisierbaren Gott. Das einzige aber, was wir von Gott wissen können, nämlich seine absolute Unbegreiflichkeit, diese fundamentale Einsicht geht dann verloren. Ein begriffener Gott jedoch ist ein Pseudo-Gott und somit eine Spielart des Atheismus, mit allen Konsequenzen. Dabei handelt es sich um eine besonders gefährliche Variante des Atheismus. Er tritt nämlich im Namen Gottes auf und ist sich seiner faktischen Gottlosigkeit nicht bewußt.

Das Verhängnisvolle daran läßt sich etwa so umreißen. Wenn man etwas begriffen hat, dann kann man aus diesem Begriff deduzieren, aus dem begriffenen Wesen Erkenntnisse ableiten. Es verhält sich wie bei einer Ursache, die man genau kennt und deren Wirkungen sich deshalb im voraus lückenlos bestimmen lassen. Die in Jesus Christus geschehene Offenbarung, eine personale Wirklichkeit, wird dann in erster Linie zu einem System von wahren Sätzen und Lehrbegriffen, die aus dem begriffenen Wesen Gottes gewonnen und abgeleitet werden. Sie werden von der kirchlichen Autorität unter dem Beistand des Heiligen Geistes von oben nach unten an die Gläubigen zur rein passiven Annahme weitergegeben. Welt und Geschichte spielen dabei keine Rolle. Sie haben nichts zur Glaubenserkenntnis beizutragen. Ein derartiger rein rationalistisch-extrinsezistischer Ansatz fordert von den Gläubigen blinden Gehorsam und nicht zu hinterfragenden Konformismus. Maurice Blondel (1861–1949) hat darin in seiner Analyse der Modernismus-Wirren zu Beginn unseres Jahrhunderts „die denkbar radikalste Perversion des Evangeliums" (zitiert nach Hans Urs von Balthasar, Integralismus, in: Wort und Wahrheit 18 (1963) 737–744, S. 738) gesehen, und Hans Urs von Balthasar (1905–1988) erkennt in einem solchen Verständnis des Christentums die Grundstruktur aller Varianten des Integralismus (a.a.O. S. 738–740).

Wenn Gott erst einmal zu einer begreifbaren und begriffenen Größe degradiert ist, dann weiß man auch, und zwar mit absoluter Gewißheit, was dieser Gott im einzelnen will. Ein Blick in die Geschichte der Kirche zeigt, was man mit einem selbstentworfenen Gott alles machen kann. Man kann in seinem Namen Hexen verbrennen, Menschen für ihre Überzeugung foltern und umbringen, Völker mit Waffengewalt zur

‚freien‘ Entscheidung des Glaubens bekehren; noch vieles andere könnte man nennen.

Wenn solches geschieht, hat die Kirche ihren Auftrag verraten: Sie verweist nicht mehr auf das absolute Geheimnis und die Liebe Gottes, sondern sie mißbraucht den Namen <Gott>, um Unheil zu verbreiten. Der sich auf Gott verlassende Glaube schlägt um in Angst als die eigentliche Form des Unglaubens. Die Kirche und ihre Institutionen verlieren dadurch natürlich ihre Bedeutung für den Menschen und am Ende tragen sie dazu bei, daß Gott selbst seine Bedeutung für den Menschen verliert. Das ist die eine Gefahr, die der Kirche drohen kann: der Verlust der Verweisfunktion und damit die Loslösung von der Transzendenz.

Mit ihr hängt die andere eng zusammen. Sie besteht in der Loslösung von der Wirklichkeit dieser Welt und Geschichte. Eine apriorisch, ohne Erfahrung und gewissermaßen von oben arbeitende theologische Erkenntnis braucht die Welt nicht. Das stellt sich dann etwa so dar: Die Hierarchie ist im Besitz der Glaubensprinzipien; unter dem Beistand des Geistes werden daraus die einzelnen Glaubenswahrheiten abgeleitet und zum Glauben vorgelegt. Weil man, ohne darüber eigens zu reflektieren, von einem begreifbaren Gott ausgeht, wähnt man sich im Besitz der absoluten Wahrheit und kann so der irrigen Meinung sein, die Geschichte trage nichts zur Erkenntnis des Glaubens bei. Welt und Kirche fallen auseinander. Die einfachen Gläubigen sind nur zu versorgende Objekte der Pastoral, als moralische Subjekte werden sie kaum ernstgenommen. Das Zerrbild einer Klerikerkirche drängt sich förmlich auf. Wenn dann noch das Empfinden aufkommt, diese Institution verkünde nur sich selbst, es gehe ihr nur um ihre Macht und nicht um den Menschen, dann ist es nur noch ein kleiner Schritt zur äußeren oder zumindest inneren Emigration. Diejenigen aber, die trotzdem bleiben und gegen eine solche Gestalt von Kirche Widerspruch anmelden, werden leicht zum Anlaß, daß die Institutionen sich selbst und ihre Sache bedroht fühlen und sich ihrerseits gegen die Welt immer mehr abschotten. Damit verliert die Kirche ihren anderen Bezugspunkt, nämlich die Welt und die Geschichte. Und das schlägt zurück auf die Theologie; ohne Welt- und Wirklichkeitserfahrung ist sie steril, zumindest für den Menschen in dieser Welt belanglos.

Als Philosoph mag man sich für eine apriorische oder eine aposteriorische Erkenntnistheorie entscheiden. Für christliche Theologie ist diese Frage entschieden. Die Selbsterschließung Gottes vollzieht sich in der Geschichte, d.h. in der Weltwirklichkeit. Die Inkarnation des Logos, die Menschwerdung Gottes, kann nicht apriorisch aus Prinzipien deduziert und erschlossen werden. Deshalb ist christliche Erkenntnis unablösbar an Welterfahrung gebunden; sie ist wesentlich aposteriorisch. Das apriorische Element ist die <gratia spiritus sancti> als eine jedem Menschen zukommende Disposition, in der Begegnung mit Welt und Geschichte durch Christus im Heiligen Geist zum Vater zu finden.

Gott wirkt das Heil der Welt nicht nur an der Schöpfung, sondern in ihr und mit ihr. Thomas von Aquin hat diesen Sachverhalt auf die kurze Formel gebracht: „Gott rechtfertigt uns nicht ohne uns – Deus non sine nobis nos iustificat" (Summa Theologiae I/II q.111, art.2 ad 3). Rang und Würde des einzelnen Menschen kommen darin unmittelbar zum Ausdruck. Glauben an den lebendigen Gott muß im offenen Welthorizont stehen, denn die Welt ist Gottes gute Schöpfung. Es gibt deshalb auch Wege zu Gott, die von unten nach oben führen. Gotteserkenntnis setzt Welterkenntnis voraus, beide dürfen nie gegeneinander ausgespielt werden.

Aber nicht nur der in der Welt bewährte Glaube der Gläubigen ist für die Erfahrung der Kirche und für die theologische Wahrheitsfindung unverzichtbar; auch die weltlichen Wissenschaften müssen dazu herangezogen werden. Man braucht nur daran zu erinnern, welche Bedeutung den Humanwissenschaften etwa in der moraltheologischen Diskussion zukommt, wenn es darum geht, angesichts höchst komplexer und subtiler Probleme angemessene Normen zu finden; und wie verhängnisvoll es ist, wenn man meint, darauf verzichten zu können.

Wenn sich die Kirche also gegen Welt und Geschichte abschottet, um sich selbst möglichst integer zu halten, verfehlt sie ihr Wesen in zweifacher Hinsicht. Sie kann zum einen von der Welt, für die sie Zeichen sein soll, als solches nicht mehr erkannt werden; die Kluft zwischen der konkreten Gestalt der Kirche und dem jeweiligen Heute wird nahezu unüberbrückbar. Zum anderen nimmt sie sich selbst die Möglichkeit, tiefer in die in der Geschichte ergangene Offenbarung einzudringen.

Damit sind die beiden Einbruchstellen skizziert. Der Weg einer solchen doppelten Ablösung, von Gott und von der Welt, führt in die Isolation. Eine so entartete Gestalt von Kirche steht zwar noch in der Mitte zwischen Gott und Welt, aber sie vermittelt nicht mehr. Sie hat die ihrem Wesen eigene Offenheit verloren. Sie wird zum Hindernis und am Ende zum Ärgernis.

Daraus ergeben sich mit einer gewissen Folgerichtigkeit bestimmte Konsequenzen. Die Lehre tritt in den Vordergrund. Einer alles umfassenden, in sich konsistenten und fixierten Systematik kommt besonderes Gewicht zu. Materiale Vollständigkeit und formale Richtigkeit werden angestrebt. Die Frage aber, was das alles für den Menschen bedeute und welchen Bezug es zu seiner konkreten Lebenssituation habe, tritt in den Hintergrund, wenn sie überhaupt noch gestellt wird. Im Bereich der Riten und der religiösen Vollzüge wird auf korrekte Durchführung geachtet. Wiederum ist es sekundär, wie der Mensch sich darin aufgenommen fühlt und ob er sich damit identifizieren kann. Damit dieses ganze Gebilde funktionsfähig bleibt und nicht auseinanderbricht, bedarf es einer starken Zentralgewalt und entsprechender Kontrollinstanzen. Deren Existenzinteressen treten nun in den Vordergrund. Und in dem Maße, in dem die Verweisfunktion der Kirche abnimmt, nimmt der Zentralismus zu. Mangelnde echte Autorität und Kompetenz werden durch Machtstrukturen kompensiert. Alles wird streng geregelt; das Kirchenrecht dominiert.

Die Tendenz einer auf diese Weise gegen ihr eigentliches Wesen konzipierten Kirche, sich selbst absolut zu setzen, zeigt sich insbesondere in den offenen oder latenten Angriffen auf die Gewissensfreiheit.

Immer mehr Funktionen werden – und hier ist die Sprache sehr aufschlußreich – deifiziert und immunisiert, indem sie mit Prädikaten ausgestattet werden, die ursprünglich Gott vorbehalten waren. Als Beispiel sei der Begriff <heilig> gewählt. Um die Singularität und das Ganz-anders-Sein Gottes zum Ausdruck zu bringen, verwenden Schrift, Theologie und Liturgie den Begriff <heilig>. Und wer und was alles wird heute in der Kirche heilig genannt?! Man kann entgegenhalten, das seien belanglose Äußerlichkeiten. Das mag sein, aber auch Äußerlichkeiten kön-

58

nen vieles vom Innern verraten, und vor allem: sie tun ihre Wirkung. In Umkehrung der ursprünglichen Zielrichtung fühlt man sich an die Religionskritik des 19. Jahrhunderts erinnert. Ludwig Feuerbach hat seine Zeitgenossen aufgefordert, sie sollten jene herausragenden Eigenschaften, die sie der Projektion <Gott> zuerkannt haben, für sich selbst reklamieren, denn sie seien in Wirklichkeit Aussagen über das Wesen des Menschen. Vielleicht sollte man das innerkirchlich dahingehend abwandeln, Gott seine singulären Prädikate zu belassen oder eventuell zurückzugeben und die Menschen und menschlichen Institutionen an ihre Endlichkeit, Begrenztheit und Fehlbarkeit zu erinnern.

Generell kann man wohl sagen, daß aus einer Situation, in der das eigentliche und eine Fundament aus dem Blick geraten ist, die Fundamentalismen unterschiedlichster Prägung hervorgehen können. Wenn Menschen meinen, alles selbst machen zu müssen, wo sie im Grunde aus Eigenem gar nichts zu machen haben, dann artet solches Machen leicht in Machenschaften und in einen nicht enden wollenden Kampf zwischen unterschiedlichen Richtungen und Gruppierungen aus, von denen sich jede im Besitz der absoluten Wahrheit wähnt. Daß im Bereich der Theologie eine besessene Wahrheit nicht die Wahrheit sein kann, wird dann nicht mehr realisiert.

Mit diesen keineswegs erschöpfenden Hinweisen auf mögliche Fehlentwicklungen möchte ich noch einmal die eingangs zitierten, scharfsichtigen Beobachtungen von Josef Ratzinger aufgreifen. In der Tat verstellt eine in solcher Weise entartete Kirche den Zugang zu Gott. Der sekundäre Skandal identifiziert sich mit dem primären und macht ihn dadurch unzugänglich. Der Sinn von Kirche schlägt in sein Gegenteil um.

V.

Diese kurze, nur auf die großen Linien und Konturen achtende Skizze sollte mit dem Blick auf das Wesen der Kirche mögliche Fehlentwicklungen aufdecken, die entstehen, wenn Kirche nicht mehr konsequent als Zeichen, als Medium zwischen Gott und Mensch verstanden wird, wenn sie sich selbst zum Gegenstand des Glaubens macht. Es wäre utopisch zu meinen, es könne die reine Gestalt und Verwirklichung von Kirche geben. Die Tatsache, daß sich Kirche immer aus endlichen Menschen aufbaut, bringt es mit sich, daß eine konkrete Gestalt von Kirche in hohem Maße hinter ihrem eigenen Auftrag zurückbleiben kann. Sie kann sehr wohl ihr Zeichen-Sein mehr oder weniger gut verwirklichen.

Nun war es nicht die Absicht dieser Überlegungen, der Kirche von heute zwischen der reinen Intention des Stifters und deren totaler Perversion ihren Ort zuzuweisen; solches wäre anmaßend.

Gleichwohl sollte der Horizont abgesteckt werden, der einen Maßstab abgibt, nach dem diese sogenannten sekundären Skandale beurteilt werden können und müssen. Es ist zu befürchten, daß es sich dabei um mehr und anderes handelt als um zufällige Fehlleistungen. Wenn nicht alles täuscht, haben sie ihre Wurzeln in solchen möglichen Fehlentwicklungen, wie sie andeutungsweise angesprochen wurden.

Gerade dann aber hätte ein Widerspruch dagegen einen nicht abzuweisenden Anspruch auf eine theologisch argumentierende Antwort. Ist der Widerspruch ungerechtfertigt, dann ist er zu widerlegen; ist er aber berechtigt, dann sollte er Anlaß sein, auf allen Ebenen darüber nachzudenken und die Konsequenzen in Theorie und Praxis erkennbar werden zu lassen.

VI.

Widerspruch als Loyalität, lautet das Thema dieses Beitrags. Was damit zum Ausdruck gebracht sein soll, dürfte klar geworden sein. Loyalität mit der Kirche kann und darf nicht heißen, alles unkritisch hinnehmen, was von Rom kommt und in der Kirche passiert. Loyalität muß sich vielmehr auf die ursprünglich intendierte Funktion und die daraus resultierende Institution von Kirche beziehen. So gesehen wird Loyalität dann aber zugleich und notwendigerweise zum Widerspruch gegen alles, was sich, gemessen an dem Wesen von Kirche, als Fehlform und Fehlentwicklung erweist. Wirkliche Loyalität kann es deshalb nur in Verbindung mit solchem Widerspruch geben. Oder anders gesagt: in solchem Widerspruch zeigt sich wirkliche Loyalität.

Daraus erwächst auch der entscheidende Impuls ‚Gegen die Resignation in der Kirche'. Von der äußeren Situation und vom Erscheinungsbild der Kirche her zeichnet sich nichts ab, was Grund und Anlaß zu Optimismus sein und der um sich greifenden Resignation entgegenwirken könnte. Im Gegenteil, vieles spricht dafür, daß Resignation und, damit verbunden, innere und äußere Emigration ihren Höhepunkt noch keineswegs überschritten haben. Aber auch angesichts dieser gewiß entmutigenden Situation ist noch einmal nach dem Wesen der Sache zu fragen.

Kirche ist zwar aus Menschen aufgebaut, sie ist aber nicht das Werk von Menschen. Sie gehört vielmehr zu der Selbsterschließung Gottes in Jesus Christus wie das Hören und Verstehen zum gesprochenen Wort. Der Sinn von Offenbarung ginge verloren, wenn sie keinen Adressaten hätte. Und ihre Botschaft wäre umsonst, wenn sie nicht durch die Geschichte weitervermittelt würde. Man kann den Anspruch des Christentums, Gott habe sich in Jesus Christus geoffenbart, zurückweisen. Man kann aber nicht die Offenbarung akzeptieren und die Kirche verwerfen; so verführerisch dieser Gedanke bisweilen sein kann. Daraus ergibt sich ein Doppeltes: Die Existenz der Kirche und ihre Funktion gehen nicht auf den Menschen zurück und müssen von ihm nicht garantiert werden. Das ist ihr von ihrem Stifter bleibend zugesprochen; und das ist mit dem Wort der Schrift gemeint, die Kirche werde weder von außen noch von innen zerstört werden (Matthäus 16,18). In unserer Verantwortung als Christen liegt indes, daß wir besser oder schlechter realisieren, was Kirche sein soll: Zeichen eines letzten Sinnes für die ganze Welt.

Damit, und das ist das andere, ist aber auch gesagt, daß Resignation keine mögliche Alternative ist. Alles, was Grund und Anlaß zur Resignation sein könnte – und das ist gewiß nicht wenig –, muß deshalb umgesetzt werden in Energie, die Ursachen möglicher Resignation zu überwinden. So verstanden ist Widerspruch aus Loyalität ein unverzichtbarer Grundzug verantworteten Christseins.

Religionsfreiheit –
Eine christliche Grundforderung

I.

Wenn im folgenden von Religionsfreiheit gesprochen werden soll, gilt es zunächst, den Begriff der Freiheit zu klären, um mögliche Mißverständnisse abzuwehren und das Wesentliche der Fragestellung in den Blick zu bekommen. Im allgemeinen Bewußtsein verbindet sich mit dem Begriff Freiheit vornehmlich der Gedanke des Freiseins von etwas, von äußerem und innerem Zwang, von Bindung und Verpflichtung. Damit ist Wichtiges angesprochen. Isoliert man aber diesen Aspekt, dann ist es nur ein kleiner Schritt und aus Freiheit wird egoistischer Subjektivismus, Bindungslosigkeit, Beliebigkeit und Indifferentismus oder, auf ethischem Gebiet, Laxismus. Daraus wiederum erwächst die Gefahr, Freiheit als solche zu diffamieren; vom möglichen Mißbrauch her den Gebrauch in Frage zu stellen.

Dieser negative Unterton schwingt auch häufig mit, wenn von Religionsfreiheit die Rede ist. Es wird dann leicht und bisweilen leichtfertig der Vorwurf erhoben, die Wahrheit werde dadurch zur Disposition gestellt, sie sei nicht mehr letztes und objektives Kriterium, alles werde vom Menschen her relativiert, jeder könne glauben und tun, was er will.

Völlig verfehlt wird der Begriff Religionsfreiheit schließlich, wenn man darin die Behauptung sieht, der Mensch sei seiner Natur nach frei von Religion. Er sei, ohne Transzendenzbezug, ein total innerweltliches Wesen, das aus sich selbst verstanden werden kann und muß. Gott und Religion seien nichts anderes als eine Projektion des Menschen, die ihn von sich selbst wegführt, ein Zustand, der um des Menschen willen überwunden werden muß. Demgegenüber ließe sich leicht zeigen, daß das Verständnis des Menschen ohne Transzendenzbezug in Wirklichkeit eine Projektion und darüber hinaus in sich widersprüchlich ist.

Solche Deutungen von Freiheit und Religionsfreiheit lassen die andere

Dimension, die wesentlich auch zur Freiheit gehört, außer acht. Freiheit heißt nicht nur frei sein von etwas, sondern auch und wesentlich frei sein für etwas. Und damit kommt die andere, für den Menschen charakteristische Dimension von Freiheit erst in den Blick. Freiheit ist das Vermögen des Menschen, über sich selbst zu befinden, Herr seines Handelns und dadurch moralisches Subjekt zu sein. So verstanden ist Freiheit Ermöglichungsgrund von Menschsein. Höchster Anspruch und letzte, unabtretbare Verantwortlichkeit sind darin unverzichtbar impliziert. Für Willkür, Beliebigkeit oder Libertinismus bleibt genausowenig Raum wie für blinden Gehorsam.

II.

Die „Erklärung über die Religionsfreiheit" zählt zu den bedeutendsten und folgenreichsten Texten des II. Vatikanischen Konzils, vielleicht ist es nicht nur das am meisten umstrittene, sondern auch das wichtigste Dokument dieses Konzils überhaupt (Declaratio de libertate religiosa. Erklärung über die Religionsfreiheit. In: Das Zweite Vatikanische Konzil. Konstitutionen, Dekrete und Erklärungen = Lexikon für Theologie und Kirche, Ergänzungsband II, S. 712–747). Mit der „Würde der menschlichen Person" und den daraus sich ergebenden Konsequenzen hat es ein Thema zum Gegenstand, das ins Zentrum der christlichen Botschaft hineinreicht und deshalb eine Vorentscheidung für die Beantwortung einer Reihe anderer zentraler theologischer Fragen einschließt.

„Die Würde der menschlichen Person", so beginnt der Text dieser Declaratio, „kommt den Menschen unserer Zeit immer mehr zum Bewußtsein, und es wächst die Zahl derer, die den Anspruch erheben, daß die Menschen bei ihrem Tun ihr eigenes Urteil und eine verantwortliche Freiheit besitzen und davon Gebrauch machen sollen, nicht unter Zwang, sondern vom Bewußtsein der Pflicht geleitet" (I 1). Die Erklärung über die Religionsfreiheit versteht sich freilich nicht als ein Zugeständnis an eine zufällige Zeitströmung; sie nimmt vielmehr die geschichtliche Situation zum Anlaß, über die Sache selbst grundsätzlich und neu nachzudenken.

Es geschieht das in zwei Schritten, die sich durch den jeweils anderen methodischen Ansatz unterscheiden, aber zu demselben Ergebnis führen. Im I. Abschnitt wird eine „allgemeine Grundlegung der Religionsfreiheit" geboten. Sie stützt sich – und das ist von hohem Gewicht – ausschließlich auf die menschliche Vernunft. Der II. Abschnitt betrachtet dann die in solcher Weise rational aufgezeigte Würde der Person und die daraus resultierende Religionsfreiheit „im Lichte der Offenbarung". Das Recht auf religiöse Freiheit, so erklärt das Konzil, ist „auf die Würde der menschlichen Person begründet, so wie sie durch das geoffenbarte Wort Gottes und die Vernunft selbst erkannt wird" (I 2). Es handelt sich also dabei um die innere Einsichtigkeit eines geoffenbarten Sachverhalts.

Was ist der Mensch, daß ihm solches Recht auf Freiheit in Sachen der Religion – und das heißt letztlich vor Gott – zukommt? Der Mensch ist Person und genau darin liegt die Antwort auf diese Frage. Er ist nicht irgendetwas beliebig Austauschbares, ein Exemplar der Art „geistbegabtes Sinnenwesen", dessen Aufgabe und Sinn sich darin erschöpfen, die Art zu erhalten; dann wäre sie, die Art, für immer von höherer Dignität und größerer Bedeutung als das einzelne Exemplar. Als Person – als Bild Gottes, wie es in der Schrift heißt – trägt der Mensch seinen Sinn in sich selbst; er existiert um seiner selbst willen und muß deshalb seine Existenz in Freiheit vollziehen. In solcher Singularität steht er in unvertretbarer Verantwortung vor Gott und darin gründet seine unantastbare Würde. Dieses Verständnis des Menschen hat seine Wurzeln in der jüdisch-christlichen Tradition. Wenngleich die Offenbarung die Religionsfreiheit nicht ausdrücklich lehrt, so impliziert sie doch die Prinzipien, aus denen sie mit Notwendigkeit abgeleitet wird (II 9). Gleichwohl ist die Religionsfreiheit auch profaner Vernunft nicht verschlossen. Spätestens seit der Neuzeit ist es der Philosophie zunehmend gelungen, durch Reflexion auf die menschliche Selbst- und Fremderfahrung das Phänomen des Personseins in den Blick zu bekommen, es systematisch zu entfalten und den Menschen in seiner unter absolutem Anspruch stehenden Autonomie als moralisches Subjekt zu verstehen. Diese Existenzweise der Person konkretisiert sich im Gewissen, an das der Mensch, selbst wenn es subjektiv irrt, unablösbar zurückgebunden bleibt. Das Gewissen selbst steht natürlich immer unter dem Anspruch der Wahrheit oder zumindest des Suchens nach der Wahrheit.

In diesem Sinne lesen wir in unserem Text: „... die Gebote des göttlichen Gesetzes werden vom Menschen durch die Vermittlung seines Gewissens erkannt und anerkannt; ihm muß er in seinem gesamten Tun in Treue folgen, damit er zu Gott, seinem Ziel, gelange" (I 3). Und dann folgt der zentrale Satz, an dem sich jede Institution, ob kirchlich oder weltlich, messen lassen muß: Der Mensch „darf also nicht gezwungen werden, gegen sein Gewissen zu handeln. Er darf aber auch nicht daran gehindert werden, gemäß seinem Gewissen zu handeln, besonders im Bereich der Religion" (I 3).

Freiheit – und somit auch Religionsfreiheit – resultiert aus dem von Gott gewollten Wesen der Person. Es ist keine Anmaßung des Menschen, Gott nimmt vielmehr, wie es weiter in unserem Text heißt, „Rücksicht auf die Würde der von ihm geschaffenen menschlichen Person, die nach eigener Entscheidung in Freiheit leben soll" (II 11). Würde Gott den Menschen zwingen, dann würde er ihn dadurch als Menschen zerstören. Religiöse Freiheit ist nicht nur ein Recht, auf das man bei Bedarf auch verzichten kann, sondern auch eine Pflicht. Sie gründet nicht „in einer subjektiven Verfassung der Person, sondern in ihrem Wesen selbst" (I 3). Deshalb bleibt dieses Recht immer erhalten, auch denjenigen, „die ihrer Pflicht, die Wahrheit zu suchen und daran festzuhalten, nicht nachkommen ..." (I 3).

Aus diesen Überlegungen ergibt sich eine Konsequenz von universaler Tragweite: Die Religionsfreiheit zählt zu den Menschenrechten. Religionsfreiheit wird nicht von irgendjemandem verliehen, man hat sie nicht, weil man einer bestimmten Religion oder einem Volk oder Staat angehört, sondern ganz einfach, weil man Mensch ist. Sie kann deshalb auch von keiner weltlichen oder geistlichen Instanz aberkannt werden. Diese Freiheit findet nur dort ihre Grenzen, wo Recht und Würde anderer Menschen und wo „die gerechten Erfordernisse der öffentlichen Ordnung" verletzt werden (I 4).

Ein zweiter Argumentationsgang für die Religionsfreiheit setzt beim religiösen Akt selbst an. Unser Dokument betrachtet es als einen Hauptbestandteil der katholischen Lehre, „in Gottes Wort enthalten und von den Vätern ständig verkündet, daß der Mensch freiwillig durch seinen

Glauben Gott antworten soll, daß dementsprechend niemand gegen seinen Willen zur Annahme des Glaubens gezwungen werden darf. Denn der Glaubensakt ist seiner Natur nach ein freier Akt …" (II 10). Die Transzendenzerfahrung des Menschen, verstanden als Anruf Gottes, und die Freiheit sind, abgesehen von konkreten Inhalten, die Möglichkeitsbedingung von Religion, die Voraussetzung dafür, daß es überhaupt so etwas wie Religion geben kann. Nur im Vollzug seiner Freiheit, das heißt seines Personseins, kann sich der Mensch auf Gott beziehen und so auf dessen Anruf antworten. Unterhalb der personalen Ebene oder gegen den Willen der Person gibt es weder Glaube noch Heil. Personsein, Freiheit und Religion fallen in ihrem Ursprung in eins. Die Alternative zur Religionsfreiheit ist die Perversion und Negation von Religion.

Da der Mensch von Natur aus Mitmensch, ein gesellschaftliches Wesen ist, hat das Recht auf Religionsfreiheit auch eine gesellschaftliche Dimension. Nicht nur der Einzelne muß frei sein von Zwang in religiösen Dingen, auch die religiösen Gemeinschaften, die aus der Sozialnatur des Menschen von selbst erwachsen, haben diesen Anspruch, ein Sachverhalt von bedrängender Aktualität. Unter dem Vorbehalt, daß die berechtigten Belange der „öffentlichen Ordnung nicht verletzt werden" (I 4), haben religiöse Gemeinschaften das Recht, nach ihren eigenen Normen den öffentlichen Kult auszuüben und das eigene Leben nach ihren religiösen Grundsätzen zu ordnen. Sie müssen ihre Amtsträger frei wählen können und dürfen „bei der öffentlichen Lehre und Bezeugung ihres Glaubens in Wort und Schrift" (I 4) keine Behinderung erfahren. Auch müssen solche Gemeinschaften darin frei sein, die „besondere Fähigkeit ihrer Lehre zur Ordnung der Gesellschaft und zur Beseelung des ganzen menschlichen Tuns zu zeigen" (I 4).

Während der Anspruch des Einzelnen auf Religionsfreiheit im allgemeinen als berechtigt respektiert wird, tun sich viele Zeitgenossen schwer, das damit unmittelbar gegebene gleiche Recht religiöser Gemeinschaften nicht nur notgedrungen zu akzeptieren, sondern ebenso als Menschenrecht anzuerkennen. Natürlich kann nur eine Religion diesen Anspruch erheben, die ihrerseits bereit ist, Religionsfreiheit zu gewähren.

Im Gang dieser Überlegungen stellt sich spätestens an dieser Stelle die

Frage nach der objektiven Wahrheit und dem Absolutheitsanspruch des Christentums. Der Konzilstext läßt keinen Zweifel daran: „... nach dem Willen Christi ist die katholische Kirche die Lehrerin der Wahrheit" (II 14; vgl. auch I 1). Wie dieser Anspruch näherhin zu verstehen ist, und wie er sich mit der Anerkennung anderer Religionen vereinbaren läßt, wird nicht genauer erörtert, stellt aber eine vordringliche Aufgabe heutiger Theologie dar. Soviel aber wird deutlich: Mit diesem Dokument gewinnt der Einzelne, die Person, jenen höchsten Seinsrang, der ihm nach christlichem Verständnis wesentlich zukommt, während das Allgemeine, die Wahrheit als solche, auf das Subjekt bezogen und dadurch in einem guten Sinne relativiert wird. Es spiegelt sich darin die Wende vom griechischen zum christlichen Denken, ein Prozeß, der mit der Begegnung von christlichem Glaubensdenken und spätantiker Philosophie begonnen hatte.

Das bedeutet jedoch keineswegs Subjektivismus im negativen Sinne. Der Glaube ist nämlich in seiner Struktur kein Entwurf des Subjekts, und so gesehen ist er nicht subjektiv, weil er als Akt nicht im Belieben des Subjektes steht. Er ist aber andererseits auch nicht objektiv, weil das Geheimnis Gott, auf den er sich bezieht, kein begreifbares Objekt ist. Glaube ist eine personale Relation und als solche steht er auf einer anderen Ebene als Subjektvismus und Objektivismus. Als personale Beziehung liegt seine Wahrheit in dieser Beziehung selbst.

III.

Die Erkärung über die Religionsfreiheit ist in sich rational schlüssig und steht in vollem Einklang mit dem Wesen und der Grundintention der christlichen Botschaft. Gleichwohl hat dieses Dokument geradezu revolutionären Charakter, wie sich mit einem kurzen Blick auf die Geschichte der Kirche leicht zeigen läßt.

In unserem Zusammenhang genügt es, einige innere und äußere, sich gegenseitig beeinflußende Faktoren anzusprechen, die dazu beigetragen haben, daß im Grunde genommen Selbstverständliches nach beinahe 2000 Jahren Christentum zum aufsehenerregenden Ereignis werden konnte. Es geschieht dieser Rückblick in dem Bewußtsein, daß das Benennen von Fakten und Sachverhalten dem Anspruch an ein wirkliches Verstehen aus dem geschichtlichen Horizont heraus nicht gerecht werden kann; andererseits aber auch in dem Wissen, daß in der Wirkungsgeschichte Gedanken und Fakten sich verselbständigen und aus ihrem ursprünglichen Kontext ablösen. Im Rückblick können wir Fehlentwicklungen und deren Wurzeln entdecken, die von den Zeitgenossen nicht gesehen werden konnten.

Der philosophische Horizont, mit dem die frühe Kirche konfrontiert wurde, war die spätantike Philosophie, in der dem Allgemeinen, der Idee, der unbestrittene Vorrang vor dem Einzelnen zukam. Der christliche Personalismus, um die moderne Terminologie zu benutzen, konnte sich in diesem Denkhorizont zunächst nicht entfalten. Die allgemeine Wahrheit der christlichen Botschaft und das dadurch vermittelte Heil standen im Vordergrund christlicher Reflexion. Der Glaubensakt des einzelnen Menschen wurde so nachdrücklich auf den Inhalt bezogen, daß der subjektive Aspekt und damit das Element der Freiheit stark in den Hintergrund traten.

Im gleichen Kontext der Verobjektivierung bzw. Entsubjektivierung ist jener Vorgang zu sehen, in dem das Christentum immer mehr mit der Kirche identifiziert wurde. Schon sehr früh begegnen wir dem Axiom: extra ecclesiam nulla salus, außerhalb der Kirche gibt es kein Heil. Dieser Satz sollte eine der unheilvollsten Formulierungen in der Geschichte der Kirche werden, weil er nicht als Sach-, sondern als Personalprinzip verstanden wurde. Am Anfang des zweiten Jahrhunderts hat dieses Axiom noch den Charakter einer Aufforderung, die Einheit nicht aufzugeben. An der Wende vom fünften zum sechsten Jahrhundert ist es dann Fulgentius von Ruspe (467–533), der diese Formulierung zu einem allgemeinen theoretischen Prinzip erhebt: „Niemand, der nicht innerhalb der katholischen Kirche lebt – nicht bloß die Heiden, sondern Juden, Häretiker und Schismatiker – wird des ewigen Lebens teilhaftig" (Heinrich Denzinger, Kompendium der Glaubensbekenntnisse und kirchlichen Lehrentscheidungen, hrsg. v. P. Hünermann, 37. Aufl. Freiburg u.a. 1991, 1351).

Fulgentius war inspiriert von Augustinus (354–430), dem gerade wegen seiner herausragenden Bedeutung eine besonders verhängnisvolle Rolle in dieser Problematik zukommt. Er hat nicht nur die Religionsfreiheit abgelehnt, sondern zur Gewaltanwendung aufgerufen. Zunächst war er zwar der Überzeugung, niemand dürfe gegen seinen Willen zum Glauben gezwungen werden (Contra litteras Petiliani, lib. II 83, 184: „Ad fidem quidem nullus est cogendus invitus"), die Autorität der Wahrheit sollte genügen. In der praktischen Auseinandersetzung mit Häretikern wandelte sich seine Position. Er vertrat schließlich die Meinung, Zwang als solcher sei neutral. Ausschlaggebend sei allein, wozu jemand gezwungen werde. Auch in der Beurteilung der Kirche geht Augustinus über seine frühere Position hinaus, indem er sie in seiner späten Phase mit der transzendenten Wahrheit selbst gleichsetzt. Unter diesen Bedingungen ist dann Religionszwang nicht nur erlaubt, sondern auch besser als Toleranz. Damit sind für Augustinus die Voraussetzungen geschaffen, politische Macht in Anspruch zu nehmen und deren Einsatz zur Durchsetzung religiöser Wahrheit zu rechtfertigen. So steht am Ende bei ihm das verhängnisvolle und christlichem Geist zutiefst widersprechende Wort: „Compellite intrare – zwingt sie einzutreten" (Epistula 93, II 5). Hier wird direkt greifbar, daß es im Grunde nicht um den Einzelnen als Subjekt und sein Heil ging. Augustinus war ohnehin der Überzeugung, daß die überwiegende Mehrheit der Menschen verdammt wird. Es ging um die Durchsetzung der objektiven Wahrheit.

Damit ist ein weiterer Faktor für diese negative Entwicklung angesprochen: die sogenannte „Konstantinische Wende". Nach langer Zeit der Verfolgung wurde nach einer Phase der Duldung im Jahre 324 das Christentum zur Staatsreligion erhoben. Es nahm damit die Stelle des bis dahin heidnischen Staatskultes ein und wurde zur Religion des römischen Reiches. Welche Vorteile das für das Christentum auch immer gehabt haben mag, der christliche Personalismus mit dem unverzichtbaren Anspruch auf freie Glaubensentscheidung war damit auf Jahrhunderte gebrochen. Daß Kaiser Theodosius im Jahr 392 alle nicht christlichen Kulthandlungen verbot, ist die logische Konsequenz davon.

Die weitere Realgeschichte des Christentums ergibt sich, was die Religionsfreiheit betrifft, aus diesen Vorentscheidungen mit einer gewissen inneren Notwendigkeit; man kann sie nur als scandalum bezeichnen. Für Jahrhunderte waren in dieser für die christliche Botschaft zentralen Frage die Weichen gestellt für eine unchristliche Theorie und Praxis. Der Horizont wurde immer enger. In seiner Bulle „Unam sanctam" vom Jahre 1302 schreibt Papst Bonifaz VIII.: „Dem römischen Papst sich zu unterwerfen, ist für alle Menschen unbedingt zum Heil notwendig: Das erklären, behaupten, bestimmen und verkünden wir" (Denzinger-Hünermann 875). Auch das Unionskonzil von Florenz im Jahre 1442 hat sich mit dieser Problematik befaßt. Die Formulierungen werden immer rigoroser. Im Anschluß an Fulgentius von Ruspe ist in dem Dekret für die Jakobiten zu lesen: „Die heilige Kirche glaubt fest, bekennt und verkündet, daß niemand außerhalb der katholischen Kirche, weder Heide noch Jude noch Ungläubiger oder ein von der Einheit Getrennter, des ewigen Lebens teilhaftig wird, vielmehr dem ewigen Feuer verfällt, das dem Teufel und seinem Anhang bereitet ist, wenn er sich nicht vor dem Tod der Kirche anschließt ... Mag einer noch so viele Almosen geben, ja selbst sein Blut für den Namen Christi vergießen, so kann er doch nicht gerettet werden, wenn er nicht im Schoß und in der Einheit der katholischen Kirche bleibt" (Denzinger-Hünermann 1351). Zu Beginn der Neuzeit wendet sich die Theologie intensiver der Frage nach der Heilsmöglichkeit von Nicht-Katholiken zu. Die unverschuldete Unkenntnis der Wahrheit wird zur Grundlage eines positiven Lösungsversuches. Die freie Gewissensentscheidung in Sachen Religion wird aber noch im 19. Jahrhundert von verschiedenen Enzykliken kategorisch abgelehnt. Erst in der Enzyklika „Pacem in terris" von Johannes XXIII. aus dem Jahre 1963 – das Konzil hatte bereits ein halbes Jahr vorher begonnen – deutet sich die Problemlösung an, die dann von der Declaratio geleistet wurde. Damit war diese Fehlentwicklung, zumindest theoretisch, überwunden. Auf weitere Belege kann hier verzichtet werden.

Die Verfasser des Textes weisen auf diese fehlgelaufene Entwicklung ganz behutsam hin: „Gewiß ist bisweilen", so kann man lesen, „im Leben des Volkes Gottes auf seiner Pilgerfahrt – im Wechsel der menschlichen Geschichte – eine Weise des Handelns vorgekommen, die dem Geiste des Evangeliums wenig entsprechend, ja sogar entgegengesetzt war; aber die Lehre der Kirche, daß niemand zum Glauben gezwungen werden darf, hat dennoch die Zeiten überdauert" (II 12). Um der Wahrheit willen muß man es deutlicher sagen: Es war genau umgekehrt; bisweilen stößt man in dieser Frage auch auf den Geist des Evangeliums, so etwa bei Thomas von Aquin im 13. Jahrhundert, wenn er mit Nachdruck und ausführlich die Freiheit des Gewissens herausarbeitet und in seiner Theologischen Summe den Gedanken äußert, daß jeder, der nach seinen Kräften die Wahrheit sucht, selbst bei Unkenntis der Person und Verkündigung Jesu, durch dieses Suchen zum Heil gelangt (Summa theologiae I/II q. 89, art. 6).

Die wenigen Hinweise auf die Geschichte mögen genügen, um verständlich zu machen, weshalb dieser Erklärung geradezu einzigartige Bedeutung unter den Konzilstexten zukommt. Nach einem Irrweg von mehr als 1500 Jahren mit verheerenden Folgen für die Menschen hat die Kirche in dieser zentralen Frage zur Botschaft des Evangeliums zurückgefunden.

IV.

Neben der inhaltlichen Seite der Erklärung über die Religionsfreiheit, deren Gewicht nicht hoch genug eingeschätzt werden kann, verdient noch ein formaler Gesichtspunkt besondere Beachtung. Über einen Zeitraum von etwa drei Vierteln ihrer eigenen Geschichte hat die Kirche also in einer fundamentalen Frage der christlichen Botschaft in Theorie und blutiger Praxis auf nahezu allen Ebenen ihrer lehramtlichen Kompetenz die Wahrheit verfehlt und in der Sache dem Evangelium widersprochen. Diesen Sacherhalt muß man sich einmal nahekommen lassen. Eines hat sich an diesem Beispiel ja zweifelsfrei gezeigt: Der Rückgriff auf eine lange Tradition und die Berufung auf die Kontinuität der offiziellen kirchlichen Lehre sind allein keine Garantie für die Wahrheit. Jede theologische Aussage muß sich in der Schrift als dem normativen Dokument des Christentums verifizieren lassen und vor dem Anspruch der Vernunft verantworten. Die Autorität der Wahrheit darf der Autorität dessen, der sie zu verkünden hat, nicht unterworfen werden. In unserem Text hat die offizielle Kirche daraus die Konsequenzen gezogen. Es wird zwar diese Tatsache nicht formell zum Thema, sie ist aber die unabdingbare Voraussetzung dafür, daß die Erklärung über die Religionsfreiheit in der vorliegenden inhaltlichen Ausrichtung abgefaßt werden konnte. Diese an einem konkreten Beispiel gewonnene Einsicht hat jedoch darüber hinaus Konsequenzen grundsätzlicher Art, auch für das päpstliche Lehramt des 20. Jahrhunderts, die neu bedacht werden müssen. (Vgl. hierzu Max Seckler, Religionsfreiheit und Toleranz. Die „Erklärung über die Religionsfreiheit des Zweiten Vatikanischen Konzils im Kontext der kirchlichen Toleranz- und Intoleranzdoktrinen". In: Theologische Quartalschrift 175 (1995) S. 1–18). Denn was einmal wirklich war, ist immer möglich. Auch die Kirche ist nicht im Besitz der absoluten Wahrheit. Deshalb gilt auch für sie, was die Declaratio den Menschen zur moralischen Pflicht macht, nämlich immer die Wahrheit zu suchen (I 3). Das aber muß in Freiheit geschehen, denn nur dann geschieht es im Geiste des Christentums.

Der christliche Ursprung der Menschenrechte

I.

Zum ersten Mal in der Geschichte der Menschheit ist die Frage nach der Gleichheit aller Menschen als Menschen zum universalen Thema geworden. Es war ein langer mit unsäglichem Leid und schreiendem Unrecht verbundener Weg zurückzulegen, bis, insbesondere durch die negativen Erfahrungen der Mißachtung der Gleichheit aller Menschen, dieser fundamentale Sachverhalt ins Bewußtsein getreten ist. Nicht zuletzt die totalitären Systeme des 20. Jahrhunderts haben wesentlich zu diesem Prozeß beigetragen. Unabhängig von der nicht zu überschätzenden sachlichen Tragweite ist deshalb das Thema <Menschenrechte> schon rein formal von singulärem Rang.

Kulturell und religiös bedingte, sich gegenseitig überlagernde Ansätze reichen weit zurück. In unserem Jahrhundert ist dieser eigentlich selbstverständliche Gedanke zu einem alle Differenzen unter den Völkern und Staatsformen übersteigenden Gegenstand der Diskussion geworden, dem sich zumindest nach außen niemand mehr entziehen kann. Die Tatsache, daß die Menschenrechte auch heute noch von vielen Staaten grob mißachtet werden, und daß manche meinen, Menschenrechte regional festlegen zu können, spricht nicht dagegen. Weil es um den Menschen geht, sind im Grunde alle davon betroffen und daran interessiert; es könnte deshalb eine Spur von Egoismus darin liegen, wenn man zunächst pauschal auf eine breite Zustimmung trifft. Jeder muß damit rechnen, daß diese Rechte einmal die einzige Instanz sein könnten, wenn es um den Schutz seiner eigenen Integrität und Freiheit geht. Mit Blick auf einen möglichen weltweiten Konsens, wäre es aber übereilt, aus dieser Grundstimmung einen allzugroßen Optimismus ableiten zu wollen. Die mit dem Thema Menschenrechte verbundenen Probleme sind von hoher Komplexität und bedürfen einer sorgfältigen und differenzierten Behandlung; sie sind noch lange nicht alle gelöst. In einem kurzen Beitrag unter allen Gesichtspunkten diesem Thema historisch und systematisch gerecht werden zu wollen, wäre deshalb vermessen.

Die folgenden Überlegungen verstehen sich als ein Versuch, die Grundstruktur des Problems nachzuzeichnen. Der Frage nach dem Beitrag des Christentums zur Entdeckung und Begründung der Menschenrechte gilt die besondere Aufmerksamkeit. In einem ersten Schritt soll nach den formalen Kriterien gefragt werden, denen Menschenrechte als solche gerecht werden müssen. Was macht Rechte zu Menschenrechten? Wesentlich schwieriger – das ist der zweite Schritt dieser Überlegung – ist die Festlegung von Inhalten, die den Anspruch erheben können und müssen, als Menschenrechte anerkannt zu werden.

II.

Was die formalen Kriterien betrifft, kann man relativ leicht zu einem Konsens kommen. Das Charakteristische des Menschenrechtsbegriffs ist es, daß es sich um solche Rechte handelt, die dem Menschen als Menschen zustehen (vgl. A. Hollerbach, Menschenrechte, in: Staatslexikon der Görresgesellschaft, 7 1987, Band 3, 1104–1105), die als Anspruch mit ihm selbst gegeben sind. Damit ist zum Ausdruck gebracht, daß die Menschenrechte allen positiven Gegebenheiten und Gesetzen vorausliegen. Zugleich ist darin der Grund zu sehen, weshalb es unter keinen Umständen möglich ist, Menschenrechte einzuschränken oder gar abzusprechen; es wäre gleichbedeutend damit, Menschsein einzuschränken oder abzusprechen. Es sind Rechte aller Menschen, und sie stehen deshalb allen Menschen in gleichem Maße zu. Nicht nur von Geschlecht, Alter, sozialer Stellung, wirtschaftlichem Einfluß oder politischer Macht sind sie unabhängig; auch Hautfarbe und Volkszugehörigkeit stellen keine Abgrenzung dar. Menschenrechte hat man nicht, insofern man einem bestimmten Volk angehört oder Bürger eines Staates ist, sondern insofern man Mensch ist. Der Staat schafft die Menschenrechte nicht, noch verleiht er sie, es ist vielmehr seine Aufgabe, diese zu gewährleisten. Mit Nachdruck ist zu betonen, daß sie auch jeder Religion vorausliegen und deshalb von keiner Religion, auch nicht vom Christentum, grundsätzlich oder in einzelnen Fällen eingeschränkt oder gar aberkannt werden können. Das Ringen um die Religionsfreiheit ist ein Ringen um ein Menschenrecht. Ein Blick in die Geschichte nahezu aller Religionen, das Christentum nicht ausgenommen, zeigt, daß Millionen Menschen ihr

Leben lassen mußten, weil sie beanspruchten, was ihnen als Menschen zusteht. Wenn also die Menschenrechte weder auf eine übergeordnete menschliche Autorität noch auf eine positive Rechtsvorgabe zurückgeführt werden können, dann sind sie als Vorgabe unantastbar und unveräußerlich. Es kann dann keine menschliche Instanz geben, die im einzelnen darüber verfügen könnte. Sie sind vielmehr Maßstab und letztes Kriterium aller positiven Rechte und Gesetze. Angesichts dieser Sachlage erhebt sich um so nachdrücklicher die Frage nach ihrer Herleitung und Begründung.

Ein weiteres formales Unterscheidungsmerkmal kommt damit in den Blick. Wenn es, wie sich gezeigt hat, nichts gibt, worauf man sich als Letztbegründung der Menschenrechte berufen könnte, dann bleibt als Instanz allein die menschliche Vernunft. Sie muß über den Menschen nachdenken und jene aus seinem Wesen erfließenden Rechte entdecken, die mit dem Menschen selbst immer unmittelbar und unablösbar gegeben sind. Wenn in solcher Weise der Vernunft die Reflexion auf die Menschenrechte zufällt, dann muß sie auch die Aufgabe der Vermittlung übernehmen. Menschenrechte müssen universalisierbar und über alle Grenzen kultureller Besonderheiten hinweg rational vermittelbar sein. Das letzte Argument für die Menschenrechte ist ihre innere Einsichtigkeit. Diese Plausibilität ist Voraussetzung dafür, daß Menschenrechte zur Basis des Zusammenlebens der Menschen und Völker werden können.

Man kann also sagen, daß in die Menschenrechte jene verschiedenen Grundüberzeugungen der Menschen unterschiedlicher Herkunft einfließen müssen, die von allen akzeptiert werden können. Die Menschenrechte sind gewissermaßen die Schnittfläche heterogener Traditionen und dadurch Basis und Möglichkeitsbedingung einer umfassenden Verständigung und Gemeinsamkeit. Dieser Konsens kann dann auch als gemeinsame ethische Verpflichtung verstanden und akzeptiert werden.

Der Weg zu dieser Schnittfläche gemeinsamer Grundüberzeugung führt, wenn sie als Fundament des Konsenses dienen soll, über das Ausblenden von Sondertraditionen und partikulären Elementen. Nicht das je Eigene, sondern das Gemeinsame gilt es zu entdecken. Diese Einsicht schließt eine auf den ersten Blick vielleicht anstößige, aber zunächst unausweichliche Konsequenz ein: Auch das Christentum fällt wie jede andere Weltanschauung als mögliche Begründungsautorität in Sachen Menschenrechte aus. Es wäre gegen den Sinn von Menschenrechten, sie vom Christentum her entwerfen zu wollen. Damit sie Rechte aller Menschen sein und universell akzeptiert werden können, dürfen Menschenrechte gerade nicht spezifisch christlich sein. Das gilt genauso für jede andere Religion.

Da es das Ziel der Menschenrechte ist, jene Aspekte anzusprechen, in denen alle Menschen gleich sind, ergibt sich die Forderung der Gleichheit aller Menschen als Konsequenz aus dem Begriff selbst. Mit dieser Einsicht jedoch, daß alle Menschen gleich sind, ist noch nicht viel gewonnen. Gleichheit gibt es auf unterschiedlichen Ebenen. Worin, so ist deshalb zu fragen, sind alle Menschen gleich. Die allgemeine Erklärung zu den Menschenrechten der Generalversammlung der Vereinten Nationen vom 10. Dezember 1948 gibt die Antwort: Sie sind gleich an Würde. Im Artikel 1 heißt es: „Alle Menschen sind frei und gleich an Würde und Rechten geboren. Sie sind mit Vernunft und Gewissen begabt und sollen einander im Geist der Brüderlichkeit begegnen." Und im Bonner Grundgesetz von 1949 steht im Artikel I der lapidare Satz: „Die Würde des Menschen ist unantastbar" (Art. I,1). Nach diesen Texten besteht also ein Begründungsverhältnis zwischen der allen Menschen als Menschen gemeinsamen Würde und den deshalb für alle Menschen geltenden Rechten. Die Würde des Menschen ist Fundament und Basis der Menschenrechte. Die Würde ist also der zentrale, aber wiederum nur formale, inhaltslose Begriff, der als Prinzip der Menschenrechte zu verstehen ist. Alles hängt also von der Frage ab, worin der Rang und die Würde des Menschen bestehen und gründen. Genau in der Antwort auf diese Frage liegt die eigentliche Problematik der Diskussion über die Menschenrechte; denn die Antwort auf die Frage, was der Mensch sei, ist nicht so selbstverständlich, wie man gemeinhin meint. Weil aber die Menschenrechte eine Funktion des jeweiligen Menschenbildes sind, und weil es unterschiedliche Menschenbilder gibt, sind auch manche Menschenrechtsforderungen nicht von vornherein selbstverständlich.

Es ist heute üblich, den Menschenrechtsbegriff weit zu fassen. Zentrale Sachverhalte werden benannt, von denen weitere Rechte abgeleitet werden können. Individualrechte zählen dazu, wie etwa Freiheit, Recht auf Leben sowie auf Integrität der Person. Auch Rechte von Gruppen und Völkern müssen einbezogen werden. Im einzelnen ist hier darauf nicht weiter einzugehen. Nur eines muß man sich bewußt machen: Ist der Mensch wirklich von solcher Würde, daß er ein Recht auf Leben und Freiheit und Integrität der Person hat? Ist das so unbestritten, wie man bisweilen meint? Diese Fragen machen darauf aufmerksam, daß vor der Forderung nach gleichen Rechten die Aufgabe steht zu erkennen, welches solche Rechte sind, die allen Menschen gemeinsam zukommen.

III.

Damit tritt die Frage nach dem Wesen des Menschen ins Zentrum der Menschenrechtsdiskussion. Folgendes ist dabei zu beachten. In das ausdrückliche Fragen nach dem Menschen geht immer schon ein unreflektiertes Selbstverständnis als Vorverständnis mit ein. Das im Vollzug eines Lebens gewachsene Selbstverständnis ist von vielerlei Faktoren abhängig. Entscheidend ist es mitgeprägt von dem jeweiligen Gottesverständnis. In allen Phasen der Menschheitsgeschichte und in allen Kulturen spiegelt sich im Selbstverständnis des Menschen ein in der Regel nicht reflektiertes Wissen um Gott. Und dieses Wissen wird zum Horizont, in dem der Mensch und die Menschenrechte gesehen werden müssen, und zwar unabhängig davon, ob die Gottesfrage positiv oder negativ beantwortet wird. Daß gerade diese Vorentscheidung für unser Thema von hohem Gewicht ist, bedarf keiner weiteren Erklärung. Das Abendland kennt, von Differenzierungen einmal abgesehen, zwei große Entwürfe, den Menschen zu verstehen. Der eine entspringt der antiken Philosophie der Griechen, der andere hat seine Wurzeln in der jüdisch-christlichen Tradition. Beide bestimmen, sich gegenseitig überlagernd, bis heute unser Menschenbild. Sie sind jedoch, und dessen ist man sich häufig nicht hinreichend bewußt, von ihrer ursprünglichen Intention her radikal verschieden.

Griechisches Denken ist grundsätzlich dadurch gekennzeichnet, daß das Einzelne, das, was entsteht und vergeht, zweitrangig ist. Dem Allgemeinen, das immer bleibt, kommt die Priorität zu. So fragt man auch nach dem Menschen ganz allgemein, nicht nach der konkreten Verwirklichung und Vereinzelung des Menschseins, also nicht nach dem konkreten Menschen. Das hat Folgen für das Verständnis des Menschen. Er ist ein Lebewesen, das Vernunft hat. Die Vernunft aber, der Geist ist nicht mit dem Menschen identisch; die Geistseele kommt, wie Aristoteles ausdrücklich sagt, von außen. Der Mensch hat teil am Geist, aber er ist nicht der Geist. Nicht der Mensch denkt, sondern der absolute Geist denkt im Menschen, und zwar als einer in allen Menschen. Im Tod, wenn der Leib zerfällt, endet die Vereinzelung und damit der konkrete Mensch. Der Geist wird aus der vorübergehenden Beschränkung befreit hinein in den einen Geist, der mit dem Gott identisch ist. Die Geistseele findet im überindividuellen Leben des absoluten Geistes zu sich, darin hat sie Bestand, aber – und das ist letztlich entscheidend – nicht als Einzelne. Der Tod bedeutet Überwindung der Vereinzelung durch das Eingehen in die Überindividualität des Geistes. Bleibende Vereinzelung ist im Horizont griechischer Philosophie ein Widerspruch in sich selbst: Vereinzelung bedeutet Durchgangsphase, Endlichkeit; bleiben kann nur das Allgemeine. Was ist also der so verstandene Mensch? Ein Exemplar der Art ‚Mensch‘. Die Art als das Allgemeine hat Bestand, hält sich durch, der Einzelne nicht. In sich selbst als Vereinzelter trägt er deshalb keinen Wert; ganz im Gegenteil, die Vereinzelung muß überwunden werden. Was zählt, ist die Art, das Allgemeine. Der Einzelne wird also von der Art her gedacht, nicht umgekehrt.

Fragt man von diesem Ansatz her nach der Würde des Menschen, dann kann man manches über das Menschsein sagen, nichts aber über den Einzelnen. Der Singularität kommt kein Wert zu. Das, was man heute Person nennt, läßt sich in der griechischen Philosophie gar nicht denken. Naturgemäß kann es auch keine Menschenrechte im modernen Sinne geben, die ja ursprünglich Rechte des Einzelnen sind. Gewissensfreiheit etwa oder moralische Selbstbestimmung lassen sich in diesem Modell, den Menschen zu verstehen, nicht rechtfertigen.

Nach jüdisch-christlichem Verständnis ist der Mensch ein ganz anderes Wesen. Der als Person verstandene Gott gehört in gewisser Weise zur Definition des Menschen. Denn der Mensch ist jenes Wesen, das von Gott in seiner jeweiligen Identität um seiner selbst willen geschaffen wurde und in einen über den Tod hinaus bleibenden Dialog mit ihm zurückbezogen ist. Nach Gottes Bild geschaffen, ist der Mensch Herr seines Handelns und damit moralisches Subjekt. Es ist nicht der absolute Geist, der im Menschen denkt, sondern der Mensch selbst in seiner unaufhebbaren leiblich-geistigen Einheit und Vereinzelung muß entscheiden und die Verantwortung für sein Tun übernehmen. Der Freiheit des Einzelnen kommt deshalb hohe Bedeutung zu. Die Determination eines jede Individualität aufhebenden Kreislaufs hat im christlichen Denken keinen Raum.

Vereinzelung des Personseins ist die höchste Wirklichkeitsweise. Im Christentum geht es um den einzelnen Menschen, nicht um die Menschheit als solche, ihm ist eine bleibende Wirklichkeit zugesagt. Dieser Sachverhalt findet seinen Ausdruck vor allem darin, daß der Mensch unablösbar an sein Gewissen gebunden ist; und auch das subjektiv irrende Gewissen behält seinen absolut verpflichtenden Charakter. Auf der einen Seite steht der Mensch ganz in sich selbst; es gibt kein Allgemeines, in das hinein er aufgehoben werden könnte. Auf der anderen Seite ist er ganz auf Gott bezogen, so daß er ohne Gott gar nicht gedacht werden könnte. Als Du und Partner Gottes ist der Mensch Person. Von dort her leitet sich seine unantastbare Würde als Person ab, nicht von der Zugehörigkeit zur Art ‚Mensch'. Weil die Würde des Menschen in der Relation zu Gott gründet, ist sie unabhängig von seiner Funktion und Leistung in der Gesellschaft, deshalb ist sie grundsätzlich dem Zugriff und der Verfügung durch Menschen entzogen. Der Mensch ist als Mensch nicht identisch mit seiner Leistung. Damit ist aber auch gesagt, daß diese Würde nie innerweltlich begründet werden kann.

IV.

An dieser Stelle kehren wir zum Ausganspunkt der Überlegungen zurück. Es ist nach dem christlichen Ursprung der Menschenrechte gefragt. Bei der Überprüfung der geforderten formalen Kriterien stellte sich heraus, daß spezifisch Christliches von den Menschenrechten um ihrer Universalisierbarkeit willen ausgeschlossen werden muß. Da die Menschenrechte, wie sich weiter zeigte, eine Funktion des Menschenbildes sind, wurde versucht, die beiden, abendländischem Nachdenken über den Menschen zugrundeliegenden Erfahrungsmodelle in groben Zügen mit dem Blick auf die anstehende Problematik nachzuzeichnen. Das Ergebnis ist überraschend: Fundamentale Inhalte der Menschenrechte, wie sie in dem Dokument der Vereinten Nationen und in unserem Grundgesetz festgeschrieben sind, verdanken sich in wesentlichen Punkten letztlich jüdisch-christlichem Glaubensdenken. Diese unbezweifelbare Tatsache ist aus dem allgemeinen Bewußtsein weitgehend geschwunden. Der Grund dafür ist folgender. Nachdem im 13. Jahrhundert vor allem durch Thomas von Aquin das spezifisch christliche Verständnis des Menschen als Person philosophisch gefaßt worden war, wurde es von der Philosophie aufgenommen und tradiert; für den weiteren Gang des abendländischen Denkens wurde es schließlich richtungsweisend. Das Wissen um seine wesenhafte Rückbindung an christliche Inhalte ging nach und nach verloren. Wenn man diesen Sachverhalt in Erinnerung ruft, müßte das zur Folge haben, daß die eigentliche Basis der Menschenwürde und damit die höchsten Anforderungen an die Menschenrechte zu einem beinahe unüberwindlichen Hindernis für eine weltweite Anerkennung werden.

Diese Ausweglosigkeit läßt sich bis zu einem gewissen Grad ausräumen. Profaner Vernunft ist es gelungen – nicht ohne christliche Vorgabe –, durch die Reflexion auf menschliche Selbst- und Fremderfahrung, das Phänomen des Personseins in den Blick zu bekommen und philosophisch zu entfalten; von daher kann der Mensch als moralisches Subjekt begriffen werden. Im Gefolge von Immanuel Kant (1724–1804) argumentiert man, der Mensch sei als autonomes Vernunftwesen Zweck an sich selbst und dürfe deshalb nie nur als Mittel betrachtet werden. Darin gründe seine Würde und Unantastbarkeit. Das gelte für alle Individuen der Art. Selbst wenn man sich bereit findet, diesem philosophischen Gedankengang zu folgen, bleibt umstritten, ob die Würde der Person nicht mehr gefordert als einsichtig gemacht wird. Eines kann jedoch profane Vernunft allein mit Gewißheit nicht leisten: die Letztbegründung des Personseins. Kann die Würde der Person aber nicht in einem letzten Grund verankert werden, dann steht sie streng genommen immer neu zur Disposition. Denn – und das darf man nicht vergessen – es ist keineswegs von vornherein einsichtig, daß der Mensch wirklich von solchem Range sei.

V.

Es ist deshalb noch einmal und neu zu fragen, ob das Glaubenswissen des Christentums nicht doch für die Menschenrechte fruchtbar gemacht werden könne, um des Menschen willen sogar zur Geltung gebracht werden müsse.

Von den eingangs angestellten formalen Überlegungen über die Voraussetzungen der Universalisierbarkeit der Menschenrechte einmal abgesehen, bietet auch die Geschichte Anlaß der Kirche gegenüber in Sachen Menschenrechte mißtrauisch zu sein. Beinahe 2000 Jahre lang hatte sie fast völlig vergessen, daß die Würde des Menschen und damit die Sache der Menschenrechte implizit zu ihren ureigenen Themen zählen. Trotz der Grundlegung im Alten und Neuen Testament – die Gleichheit aller Menschen vor Gott und ihre in der Gottebenbildlichkeit gründende Würde – ist die Kirche zunächst andere Wege gegangen. Die allen Menschen gemeinsame Würde war nicht ihr Leitgedanke. Dafür gab es verschiedene Ursachen. Vor allem ist die spätantike philosophische Richtung des Neuplatonismus zu nennen. Unter seinem Einfluß hatte sich eine Auslegung der Erbsündenlehre herausgebildet, welche die unzerstörbare Positivität der Schöpfung zurückdrängte und die ursprüngliche Würde des Menschen durch die Sünde total verloren sah. Erst durch den Glauben werde sie wiederhergestellt. Die dadurch aufgebrochene Differenz zwischen Christen auf der einen sowie Häretikern und Nichtchristen auf der anderen Seite ließ die bleibende Gemeinsamkeit des Menschseins zurücktreten. Bis in die Neuzeit hinein wurde von Christen die menschliche Würde weitgehend nur Christen zuerkannt. Die Inquisition steht für die verheerenden Folgen eines solchen unmenschlichen und unchristlichen Anspruchs. Obwohl schließlich innerhalb der Theologie die Problematik ins Bewußtsein trat und neu gesehen wurde, hat sich die offizielle Kirche den profanen Anfängen der Menschenrechtsbewegungen bedingungslos und entschieden widersetzt. Noch 1864 hat Papst Pius IX. in dem sogenannten ‚Syllabus' den Gedanken verworfen, Gewissens- und Religionsfreiheit sei ein allgemeines Menschenrecht. Nach einer Phase der Aufgeschlossenheit führte die Entwicklung mit der Enzyklika ‚Pacem in terris' von Johannes XXIII. und der Erklärung über die Religionsfreiheit auf dem II. Vatikanischen Konzil zur aktiven und vorbehaltlosen Übernahme dieses ureigenen christlichen Anliegens.

Diese wenigen Hinweise mögen genügen, um zu zeigen, daß die berechtigten Vorwürfe schweren Fehlentscheidungen galten. Dieser Einwand gegen die Kirche muß deshalb grundsätzlich als erledigt betrachtet werden. Von seinem Ursprung und Wesen her steht das Christentum für die Würde des Menschen und damit für die Menschenrechte. Im Raum des Abendlandes sind auch die profanen Menschenrechtsbewegungen, trotz einer beachtlichen Eigeninitiative, nicht ohne das Christentum zu denken.

Der auf den ersten Blick zwingende Ausschluß des Christentums sowie anderer Religionen und regionaler Traditionen aus formalen Gründen, weil Einzeltraditionen nicht verallgemeinert werden können, ist nicht so selbstverständlich, wie sich dieses Argument bisweilen gibt. Folgendes muß dabei bedacht werden. Kein rationales Bemühen kann an einem Punkt Null beginnen und das Ganze selbst entwerfen. Auch wenn man die Absicht hat, voraussetzungslos und rein vernünftig vorzugehen, es liegt immer ein Vorverständnis voraus. In ganz besonderem Maße gilt das, wenn es um das Verständnis des Menschen geht. Der Mensch hat immer schon ein Menschenbild, wenn er beginnt, über sich nachzudenken. Das ist aber nicht das Ergebnis eines rationalen Diskurses, sondern vieler sehr verschiedenartiger Erfahrungen. Der Mensch ist ein geschichtliches Wesen und hat die Wahrheit nie auf einmal und als ganze. Solche historisch bedingten Teilerfahrungen konkretisieren sich in den verschiedenen Menschenbildern unterschiedlicher Kulturen und Religionen. Man darf sie nicht von vornherein verwerfen; man muß sie vielmehr auf ihre innere Rationalität überprüfen. Ihr Anspruch auf Gehör darf sich jedoch nicht auf die Autorität ihrer Entstehungsgeschichte berufen, er muß sich vielmehr vor der Vernunft legitimieren.

Das gilt auch für das christliche Verständnis des Menschen als Person. Im interkulturellen Gespräch kann sich das Christentum wohl auf die Sache der Offenbarung, nicht aber auf die Autorität der Offenbarung berufen. Es wurde bereits angesprochen, daß sich das Phänomen des Personseins philosophisch in seiner inneren Rationalität und Plausibilität aufweisen und nachvollziehen läßt. Nach christlichem Selbstverständnis kann das gar nicht anders sein, denn die Wirklichkeit der Schöpfung, die Gegenstand philosophischer Analyse ist, kann ihrer Vollendung, von der die Offenbarung handelt, nicht widersprechen. Das Christliche – richtig verstanden – muß das eigentlich Menschliche sein. Damit ist gesagt, daß das christliche Menschenverständnis, ist es erst einmal in diese Diskussion eingebracht, von seinem Ursprung abgetrennt und rational vermittelt werden kann. Auch wenn die Begründung philosophisch offen bleiben muß, kann diese christliche Konzeption Gegenstand einer transkulturellen Diskussion und am Ende eines globalen Konsenses werden. Die rationale Plausibilität ist darüber hinaus geeignet, neue Perspektiven zu eröffnen. Denn die Frage nach dem letzten Grund verschwindet ja nicht dadurch, daß sie philosophisch nicht beantwortet werden kann. Sie verweist vielmehr auf Gott und das Christentum und macht es rational verantwortbar, dort Orientierung zu suchen.

Ein weiteres ist zu bedenken. Wie jede Anthropologie muß sich auch das christliche Verständnis des Menschen im praktischen Vollzug bewähren. Die unverzichtbaren Ansprüche und Interessen des Menschen müssen dabei garantiert sein. Die Realisierung der eingeschlossenen Prinzipien müssen dem Wohl und der Selbstentfaltung des Menschen in allen Bereichen des Individuums und der Gesellschaft dienlich sein. Keinem darf daraus ein Schaden oder Nachteil erwachsen. Daß das christliche Menschenverständnis allen erforderlichen Ansprüchen gerecht wird, steht außer Frage.

Mit zwingender Notwendigkeit läßt sich, wie schon gesagt, nicht beweisen, daß der Mensch wirklich Person sei. Vielleicht ist er nur ein Tier, in dem es denkt. Wenn die Existenz eines personalen Gottes geleugnet wird, dann kann er gar nicht mehr sein. Was das bedeutet, darüber belehren uns alle totalitären Systeme der Vergangenheit und Gegenwart. Was würde es aber schaden, wenn der Mensch, obwohl er nicht mehr ist als ein beliebig austauschbares Exemplar, wie eine Person behandelt würde, die ihren Wert und ihre Würde unantastbar in sich selbst trägt? Welches Verhängnis dagegen bedeutete es, wenn der Mensch wirklich von singulärer Würde ist, aber wie ein beliebig austauschbares Exemplar behandelt wird? Angesichts dieser Alternative kann eine vernünftige Entscheidung nur zugunsten des Seinsranges der Person ausfallen.

Auch wenn es Ansätze in anderen Kulturen geben sollte, im Abendland ist es allein die jüdisch-christliche Tradition, die den Menschen als Person versteht und das in seiner Relation zu Gott begründet. Diese wesentliche Rückbindung ist heute nahezu vergessen. Theoretisch und verbal ist es eine Selbstverständlichkeit, daß der Mensch Person sei. Diese Tatsache birgt eine große Gefahr in sich. Man meint die Rückbindung sei verzichtbar oder man denkt darüber überhaupt nicht mehr nach. Schließlich fordert man gar – ob aus Naivität oder mit Absicht, sei dahingestellt –, um der religiösen Neutralität des Staates willen, das Wort Gott aus den offiziellen Texten zu streichen. Solche Gedankenlosigkeit und solche Gedanken finden bereits in einer Krise von kaum absehbarer Tragweite ihren Niederschlag. Aber wenn Gott fällt, ist der Mensch als Person verloren. Man kann dagegenhalten, wir seien doch bereits weitgehend atheistisch, und es ginge immer noch ganz gut. Gewiß, viele Fassaden stehen noch, aber die Substanz zerfällt. Es entwickelt sich mit zunehmender Beschleunigung eine Mentalität, die sich den Luxus eines personalen Menschenverständnisses meint nicht mehr leisten zu können. Davon ist nicht nur der Einzelne, sondern sind auch die Gemeinschaft und am Ende auch die Staatsform der Demokratie betroffen. Der Einzelne wird zum beliebig verfügbaren Objekt, und zwar in jeder Phase seines Lebens. Nicht die Würde des Personseins garantiert ihm etwa sein Existenzrecht, sondern seine Leistung und Funktion in der Gesellschaft. Das Interesse der Gesellschaft wird immer den Vorrang haben, wenn der Einzelne nur als Glied der Gesellschaft einen Wert besitzt. Wenn die Bedingungen eng werden, dann kommt es zum Offenbarungseid, dann muß der Staat entscheiden, ob er sich Alte und Kranke oder sonst wie Leistungsunfähige noch leisten kann. Auch die Demokratie als Staatsform wäre natürlich einem nur als Exemplar der Art verstandenen Menschen unangemessen. Das sind keine Horrorvisionen, sondern nüchterne Konsequenzen aus einem Verständnis des Menschen ohne Gott.

Will man gegen solche Tendenzen angehen, dann ist es gewiß eine große Stütze, wenn auch eine bestimmte Richtung der Philosophie das Phänomen Person beschreibt und als plausibel erweist. Aber auf die Wurzeln dieses Menschenverständnisses wird man nicht verzichten können, wenn man eine letzte Begründung dafür liefern will. Diese Aufgabe fällt dem Christentum zu.

Es wird dabei nicht genügen, daß die Kirche die Botschaft von der Würde des Menschen verkündet. Sie muß mehr tun. Sie muß sich zunächst einmal der Welt so präsentieren, daß sie wahr- und ernstgenommen werden kann. Jede provinzielle Ghettomentalität muß sie endgültig hinter sich lassen. Die Kirche muß, das II. Vatikanische Konzil hat den entscheidenden Schritt dazu getan, in den Horizont der Welt eintreten. Die innere Einsichtigkeit ihrer Botschaft vom Menschen muß vermittelt werden, wenn die Welt davon Kenntnis nehmen und sich selbst darin wiederfinden soll. Fundamentalistische Argumentationsverweigerung ist solchem Bemühen diametral entgegengesetzt. Vor allem aber wird die nichtchristliche Welt mit großer Sensibilität auf die Kirche und ihre Glaubwürdigkeit achten. Im karitativen Bereich hat die Kirche Beachtliches vorzuweisen. Wie steht es aber mit den Menschenrechten in der Kirche? Wie geht man mit den Menschen und ihren Problemen um? Wird der Einzelne wirklich als moralisches Subjekt geachtet oder nicht doch autoritär bevormundet? Solche Fragen machen mit dem Blick auf die Effizienz kirchlicher Bemühungen um die Menschenrechte sehr nachdenklich. Gleichwohl dürfen sie nicht entmutigen. Denn es geht am Ende nicht um die Frage nach dem christlichen Ursprung der Menschenrechte, sondern darum, wie christlich Menschenrechte sein müssen, damit sie des Menschen würdige Rechte sind.

Unsterbliche Seele – Was heißt das?

Daß die Frage nach der Seele und ihrer möglichen Unsterblichkeit in unseren Tagen auf ein breites und noch im Wachsen begriffenes Interesse stößt, ist kein zufälliges, isoliertes Phänomen. Die Ursachen dafür sind Ausdruck eines tiefgreifenden Wandels im allgemeinen Bewußtsein, der durch die Entlarvung vieler trügerischer Verheißungen einer rein innerweltlichen Lebens- und Zukunftsorientierung eingeleitet wurde. Das Ende und die Enttäuschung eines naiven Vertrauens in die Möglichkeiten moderner Naturwissenschaft und Technologie spiegeln sich darin ebenso wie, daraus resultierend, die sich mit unabweisbarer Dringlichkeit neu stellende Frage nach dem Sinn des Einzelnen und des Ganzen.

Die vielfältigen Bedrohungen und Gefährdungen der menschlichen Existenz und der inneren und äußeren Lebensbedingungen lassen den Menschen aus einem innersten Impuls und Interesse heraus neu darüber nachdenken, ob sich am Ende, wenn die äußere Gestalt seines Daseins zerbricht, wenn sich die Überlebensfrage in dieser Welt als unlösbar erweist, nicht doch etwas durchhält, oder ob der Absturz ins absolute Nichts das Letzte im Leben des Menschen ist. Von solchem Suchen nach Bleibendem im Vergänglichen getrieben, wendet sich der Mensch nach innen und fragt, das alte Denkmodell von Leib und Seele aufgreifend, nach jener anderen Dimension seiner selbst, nach der Seele, ob sie vielleicht das unzerstörbar Bleibende sei. So ist diese Frage nicht irgendeine beliebige, sondern die alles entscheidende, weil sie über das je eigene Geschick mitentscheidet.

Nach einer Phase einer gewissen Oberflächlichkeit und Veräußerlichung soll diese Wende zur Innerlichkeit keineswegs nur negativ, als Flucht aus einer nicht mehr bewältigten Welt und damit als ein Ausweichen vor Aufgaben verstanden werden, denen sich der Mensch stellen müßte. Es wäre aber verhängnisvoll, würde dieser Aspekt und die darin liegende Gefahr in der gegenwärtigen Entwicklung nicht gesehen und ernst genommen. Solche Tendenzen und Strömungen lassen sich bei den unterschiedlichsten weltanschaulichen und religiösen Gruppierungen feststellen, auch innerhalb der christlichen Kirchen. Nicht nur der alte Gedanke von einer möglichen Reinkarnation und Seelenwanderung, der durch den steigenden Einfluß fernöstlicher Mentalität und Spiritualität mit begeisterter Zustimmung aufgenommen wird, ist dafür ein sprechendes Beispiel. Okkultismus und Spiritismus sind ebenso zu nennen wie jene vergeblichen Versuche, durch sogenannte Sterbeprotokolle Informationen zu erhalten über das, worüber noch kein Protokoll erstellt wurde, weil Sterben eben jener Weg ist, von dem es keine Rückkehr gibt.

Alle diese Phänomene verweisen auf jene Wirklichkeit, die mit Seele gemeint ist, und sind Zeichen tiefer existentieller Betroffenheit. Sehr häufig können sie jedoch nüchterner Rationalität und kritischer Prüfung, die gerade in solchen Fragen dringend erforderlich ist, nicht standhalten.

I.

Die Frage nun, was die unsterbliche Seele sei, läßt sich nicht in einem Satz beantworten. Denn Seele ist nicht nur ein Begriff verschiedener wissenschaftlicher Disziplinen, so daß man ihn einfach definieren könnte; Seele ist vielmehr vor allem ein Wort der Alltagssprache, so geläufig und selbstverständlich gebraucht, daß man gemeinhin nicht eigens darüber nachdenkt, was genau und präzis damit gesagt sein soll. Mehr als unbestimmte Assoziationen und Reminiszenzen an religiöse Unterweisung ist damit oft nicht verbunden. Der Verschleiß und die Abnützung im Alltag, auch des religiösen Alltags, trägt ein übriges dazu bei, daß solche Worte am Ende nichts Genaues und deshalb gar nichts mehr begreifen, daß sie im Grunde nichtssagend werden.

So wird es manchem mit der Frage, was mit unsterblicher Seele genaugenommen gemeint sei, ergehen wie Augustinus, als er über das Problem der Zeit nachdachte: „Wenn mich niemand danach fragt, weiß ich es; will ich einem Fragenden es erklären, weiß ich es nicht" (Confessiones, Buch XI, 17).

Die Selbstverständlichkeit und das vermeintliche Wissen schwinden, wenn man genau nach einer Sache fragt, von der man eben nur meint, man kenne sie. So wird man auch sehr schnell entdecken, daß Seele und Unsterblichkeit keineswegs eindeutige, klar umgrenzte Begriffe sind, daß sie vielmehr sehr Unterschiedliches bedeuten können. Darüber hinaus zeigt sich unmittelbar, daß die Frage nach der unsterblichen Seele in sehr engem Zusammenhang mit anderen Themen steht und nur in diesem Kontext angemessen zu beantworten ist. So muß mitbedacht werden, was eigentlich der Mensch sei, wie sich Leib und Seele zueinander verhalten, ob der Tod als Trennung von Leib und Seele angemessen erfaßt ist. Die Welt und ihre Bedeutung für den Menschen oder die Seele müßte in die Überlegung ebenso mit einbezogen werden wie die Frage nach Gott; denn wenn von dem, was nach diesem Leben kommt, gesprochen werden soll, dann kann jene Wirklichkeit, die jedes Davor und Danach begründet und trägt, nicht unberücksichtigt bleiben.

Vergleichbares gilt als Folge eines je anderen Seelenbegriffes für das daraus resultierende Verständnis von Unsterblichkeit. Auch dieses Wort ist nicht eindeutig. Es kann damit die absolute Unsterblichkeit im Sinne der Ungewordenheit und Unvergänglichkeit Gottes gemeint sein, die keinem Geschöpf zugesprochen werden kann. Aber auch das Weiterleben im allgemeinen Geist oder in der Art, in den Nachkommen oder im Werk wird mit diesem Wort bezeichnet. Schließlich kann auch jener Gedanke damit verbunden sein, daß ein von seinem Ursprung her endliches Individuum nicht mehr ins Nichts zurückfällt.

Auf der Suche nach klärender Orientierung legt es sich nahe, auf die Geschichte zurückzugreifen, denn die Begriffe Seele (psyche, anima) und Unsterblichkeit (athanasia, immortalitas) begleiten das abendländische Denken seit den ersten greifbaren Anfängen ohne Unterbrechung. Die Erwartung, auf diesem Wege zu einem eindeutigen, allgemein akzeptierten Begriff von unsterblicher Seele zu gelangen, muß jedoch sehr schnell der Einsicht weichen, daß es das nicht gibt. Die Vielfalt der Vorstellungen und Denkmodelle ist eher größer als heute. So schreibt beispielsweise im 1. Jahrhundert vor Christus Cicero, der berühmte römische Schriftsteller und Staatsmann:

„Zunächst müssen wir sehen, was der Tod, dem Anschein nach die bekannteste Sache, überhaupt ist. Es gibt nämlich Leute, die der Meinung sind, der Tod sei Trennung der Seele vom Körper. Es gibt aber auch welche, nach deren Ansicht keine Trennung stattfindet, sondern Seele und Körper gehen gemeinsam zugrunde und die Seele erlischt im Körper. Von denen, die der Ansicht sind, daß die Seele sich trenne, sagen die einen, sie zerfließt sofort, andere,sie halte sich lange, andere wieder, immer. Was weiter die Seele selbst sei und woher sie sei und woher sie stamme, darüber herrscht große Meinungsverschiedenheit."

Dann läßt Cicero eine lange Aufzählung von verschiedenen Deutungen folgen: Seele sei Herz, Blut, Gehirn, Feuer, Atem. Das alles seien weitverbreitete Ansichten. Andere Meinungen verträten nur einzelne, z.B. daß die Seele eine Spannung im Körper sei, die man mit der Spannung eines Saiteninstrumentes vergleichen könne, daß sie also Harmonie sei; Xenokrates halte die Seele für Rhythmus oder Zahl, wovon schon Pythagoras gesagt habe, daß ihre Macht in der Natur groß wäre; Plato dreiteile die Seele in eine begehrende, mutartige und rein geistige Vernunftseele. Schließlich läßt Cicero noch einen alten Mann zu Wort kommen, der folgendes darlegt: „Die Seele ist überhaupt nichts. Sie ist ein leerer Name und ohne Grund heißt man etwas beseelt. Weder im Menschlichen wohnt eine Seele oder ein Geist, noch im Tier. All die Kraft, mit der wir etwas tun oder empfinden, ist in alle lebendigen Körper gleichmäßig ergossen und ist untrennbar vom Körper, da sie keine selbständige Existenz habe." Cicero beendet seinen Überblick mit dem Satz: „Welche nun von diesen Meinungen die wahre ist, sieht vielleicht ein Gott; welche die wahrscheinlichste ist, ist eine große Frage" (Tusculanae disputationes, I, 18–23).

Angesichts dieses weiten Feldes möglicher Bedeutungen, die das Wort Seele und die entsprechenden Begriffe im Lateinischen und Griechischen haben können, und der dadurch fast unvermeidlichen Gefahr von Mißverständnissen hinsichtlich der gemeinten Sache, kann man versucht sein, auf dieses Wort ganz zu verzichten. Dabei stößt man jedoch auf eine eigenartige und bedenkenswerte Dialektik. Es gibt offensichtlich Worte, die trotz ihrer Bedeutungsunschärfe faktisch unverzichtbar und unersetzbar sind. In ihnen haben sich durch Jahrtausende Grunderfahrungen, Einsichten, Anliegen und Hoffnungen des Menschen artikuliert, die die Wurzeln seiner Existenz betreffen und die auch dann noch wie von Ferne hindurchscheinen, wenn die Konturen verschwommen und blaß geworden sind.

Hierzu gehört, wie etwa das Wort „Gott", auch die Rede von der unsterblichen Seele. Um die Fragestellung nicht auf die christliche Perspektive einzuengen, sei noch einmal Cicero genannt, der der Überzeugung war, das Wesen des Menschen selbst sei das stärkste Argument, von der Unsterblichkeit der Seele zu sprechen, weil alle Menschen aufs äußerste besorgt sind, was nach dem Tod geschehen wird: „Omnibus curae sunt et maximae quidem quae post mortem futura sint" (a.a.O. I, 14).

Die Sorge und die Hoffnung, die in dem Wort von der unsterblichen Seele ihren Ausdruck gefunden haben, haben im Laufe der abendländischen Geistesgeschichte das Selbstverständnis des Menschen bald stärker, bald schwächer bestimmt und geprägt, völlig verschwunden sind sie nie. Selbst in der Verzweiflung des Nihilismus meldet sich das Anliegen, wenn auch in der negativen Gestalt der Hoffnungslosigkeit, noch an. Wie eine Fortexistenz jenseits der Todesgrenze gedacht werden könnte, hat in sehr unterschiedlichen Vorstellungsmodellen seinen Ausdruck gefunden, die jedoch zugleich sehr aufschlußreich sind, da solche Entwürfe naturgemäß auf keine Erfahrung zurückgreifen können und deshalb als innere Konsequenz aus dem jeweiligen Selbst- und Weltverständnis gesehen werden müssen. Wie der Mensch sich jeweils selbst versteht, demgemäß denkt er seine zukünftige Existenz. Dieses Selbstverständnis kann jedoch nicht beliebig sein. Damit wird zugleich – und das sollte in der gegenwärtigen Diskussion mehr beachtet werden – ein Sachverhalt angesprochen, der als kritische Instanz gegen willkürliche spekulative Entwürfe geltend gemacht werden kann und an dem sich jede Jenseitshoffnung messen lassen muß.

Wenn man nun, was hier geboten ist, vereinfachend und auf selbstverständlich erforderliche Differenzierungen verzichtend mehr die Grundstrukturen des Gedankens als die lebendige Ausgestaltung und ihre Vertreter in den Blick nimmt, dann zeichnen sich zwei verschiedene und letztlich heterogene Konzeptionen ab, die beide trotz ihrer Verschiedenheit und deshalb eben durchaus irreführend und sich gegenseitig beeinflussend von der unsterblichen Seele sprechen.

Die griechische Philosophie mit ihrer Lehre von der Unsterblichkeit der Seele und die Hoffnung der jüdisch-christlichen Tradition auf eine Auferweckung der Toten sowie die gegenseitige Überlagerung dieser beiden Konzeptionen bestimmen bis heute das Nachdenken des Abendlandes über das Geschick des Menschen nach dem Tod und so das Verständnis von Seele.

II.

Die Lehre von der unsterblichen Seele hat ihre Wurzeln im mythologischen Bereich der Orphik, einer religiös-philosophischen Bewegung der Antike. Deren Gedanken hat Plato, vor allem in seinem Dialog Phaidon, mit seinen Unsterblichkeitsbeweisen philosophisch gefaßt und systematisiert. Die von ihm ausgegangene Wirkungsgeschichte des platonischen Dualismus läßt sich jedoch nicht ohne Vorbehalte und Einschränkungen mit Platos ursprünglichem Anliegen identifizieren. Wesentliche und unverzichtbare Grundlage dieses Unsterblichkeitsgedankens ist die Unterscheidung von Leib und Seele. Eine doppelte Erfahrung liegt dieser dualistischen Sicht des Menschen zugrunde. Es ist unbestreitbar, daß der Leib im Tod stirbt und zerfällt. Er gehört dem Bereich des Werdens und Vergehens an, der Veränderlichkeit und Zeitlichkeit also, die das Kennzeichen der Welt unserer sinnlichen Erfahrung sind. Ebenso unbestreitbar ist jedoch auch die Tatsache, daß der Mensch befähigt ist, Wahrheit zu erkennen, d.h. Sachverhalte und Geltungen, die allem Wandel entzogen sind, wie etwa mathematische Gesetze und Allgemeinbegriffe, jene Urbilder und Ideen also, die unveränderlich, notwendig, immer mit sich selbst identisch und aller Zeit enthoben sind. Zu dieser Wirklichkeit gelangt der Mensch nicht auf dem Wege sinnlicher Wahrnehmung, also über seine Körperlichkeit, sondern nur durch das rein geistige Erkennen der Seele. Wahre Erkenntnis und somit Erkenntnis der Wahrheit geschieht nicht nur ohne den Leib, sondern die Befreiung der Seele vom Leib eröffnet erst den Zugang zu dieser Erkenntnis und diese Befreiung vom Leib, religiös gesprochen ist es eine Erlösung, bringt der Tod. Die

Geistseele hat an den ewigen, unveränderlichen Urbildern teil und muß deshalb, so schließt dieser Gedanke, selbst unvergänglich sein. Wie die Wahrheit ist sie göttlicher Natur und deshalb unsterblich und zwar auch im Sinne der Präexistenz. Es gab sie schon bevor sie mit einem Körper verbunden wurde, und es wird sie deshalb auch nach der Trennung von ihm geben. Die Seele ist also der eigentliche Mensch, der Leib bleibt dem Menschsein äußerlich. Im besten Fall ist das Verhältnis von Leib und Seele ein neutrales, meistens schlägt es um in Negativität. Das von der Orphik überkommene Wort, der Leib sei das Grab der Seele, bringt zum Ausdruck, daß es ein Unglück ist für die Seele, in einem Leib und damit in dieser Welt zu sein.

Von diesem Ansatz her droht die Dualität von Leib und Seele ständig in eine antithetische, antagonistische Gegensätzlichkeit umzuschlagen und in das Extrem einer moralischen Abwertung von Leib und Welt zu verfallen. Diese Gefahr ist vor allem deshalb gegeben, weil der anthropologische Dualismus bisweilen im Zusammenhang steht mit einem Prinzipiendualismus, nach dem die geistige Wirklichkeit und somit auch die Seele sich einem guten Prinzip, die materielle Welt dagegen – und dazu zählt eben der Leib – einem bösen Prinzip verdankt.

So zieht sich ein Riß durch die gesamte Wirklichkeit: Geist – Materie, Seele – Körper, Jenseits – Diesseits, allgemein Bleibendes – vergänglich Vereinzeltes stellen zutiefst unversöhnbare Gegensätze dar, die sich in ewigem Kreislauf kosmischer Determination in der Vereinzelung dieser Welt entfalten und in der Überwindung dieser Vereinzelung in das Eine und Bleibende sich aufheben. In dieser Spannung und in diesem Kreislauf steht auch der Mensch. Es geht am Ende nicht um den einzelnen, sondern um die Seele, genauer gesagt um das Geistige an der Seele, das, was im Menschen denkt. So kann man nicht sagen, der Mensch sei unsterblich, sondern am Menschen sei irgendetwas unsterblich. In diesem Sinne spricht Plato vom ‚logisticon‘ und Aristoteles vom ‚nus‘, die als etwas Göttliches sich zur Sinnenseele und zum Leib verhalten wie das Bleibende zum Wandelbaren, wie das Ewige zum Vergänglichen.

Das sind etwa die Motive und Vorentscheidungen, die den philosophischen Grundgedanken von der unsterblichen Seele und dessen argumentative Begründung tragen. Wie immer die Entwicklung im einzelnen verlaufen ist, die These, die Geistseele sei eine besondere, selbständige Wirklichkeit neben dem Körper des Menschen, mehr oder weniger eng mit ihm verbunden, hat sich dem Bewußtsein und der Sprache des Abendlandes so tief eingeprägt, daß sie als solche über Jahrhunderte gar nicht hinterfragt wurde. Zu Beginn der Neuzeit hat sich die Problemstellung, in vieler Hinsicht zwar losgelöst von den Vorgaben der Antike, was jedoch den Dualismus zwischen Leib und Seele betrifft, sogar noch verschärft. Während Plato in der Seele durchaus auch das Lebensprinzip für den Leib sah, hat Descartes selbst diese Bindung noch aufgegeben. Die Seele ist Geist (res cogitans) und nicht leibbelebend, eine Substanz, die keiner anderen zur Existenz bedarf: „Aus alldem erkannte ich, daß ich eine Substanz bin, deren ganze Wesenheit oder Natur nur im Denken besteht und die, um sein zu können, keines Ortes bedarf, noch auch von einem materiellen Dinge abhängt. Es ist demnach dieses Ich, d.h. die Seele, durch die ich bin, was ich bin, von meinem Körper gänzlich verschieden und selbst leichter zu erklären als er. Und wenn es gleich keine Körper gäbe, so würde sie doch genauso bleiben, was sie ist" (Discours de la méthode IV, 6).

Selbst wenn man von anderen Implikationen, wie pantheistischen Tendenzen und einer stark negativen Einstellung zur Welt, die durchaus in vielen Erscheinungsformen noch gegeben sind, absieht, steht am Ende die Reduktion des Menschseins auf ein Geistwesen, dessen Verhältnis zu einem völlig andersartigen Körper und damit zu dieser Welt aporetisch und widersprüchlich bleibt.

Obwohl diese Vorstellung einer so verstandenen unsterblichen Seele noch in mancherlei Formen verbreitet ist und heute sogar wieder erneut Einfluß gewinnt – bis ins 19. Jahrhundert war sie fast eine Selbstverständlichkeit –, muß man doch nüchtern feststellen, daß durch die moderne Anthropologie diese Auffassung des Menschen unwiderruflich überholt ist.

In der Frage, was der Mensch sei, gibt es heute von Seiten der verschiedenen Humanwissenschaften gesicherte Erkenntnisse, die gegenüber dem Wissen früherer Zeiten einen beachtlichen Fortschritt darstellen und zumindest negativ ausgrenzen, was der Wirklichkeit und dem Wesen des Menschen nicht entspricht.

Im Menschen sind Geist und Materie eine letzte innere Einheit des Verschiedenen. Die Unterscheidung zwischen Leib und Seele als zwei am Ende unvereinbaren Wirklichkeiten und der darin gründende Gedanke der Unsterblichkeit einer leibfreien Seele sind nicht mehr haltbar. In diesem Sinne von einer unsterblichen Seele zu sprechen, ist angesichts des heutigen Forschungsstandes ein Anachronismus, ein Rückfall in ein durch gesicherte Erkenntnisse überwundenes Verständnis des Menschen.

III.

Mit Bedacht war bisher von der christlichen Aussage zu diesem Thema noch nicht die Rede, obwohl das Wort „Seele" zum Grundwortschatz des Christentums gehört. Es sei nur an so zentrale Themen wie Seelsorge, das Heil der Seelen oder den Aufruf, seine Seele zu retten, erinnert. Wenn die katholische Kirche an Allerseelen der Verstorbenen gedenkt, dann doch wohl unter der stillschweigenden Voraussetzung, daß der Tod die Trennung von Leib und Seele bedeutet und die Seele davon nicht betroffen wird. Ist damit nicht hinreichend zum Ausdruck gebracht, daß es auch dem Christentum um die Seele geht, weil sie im Grunde das Eigentliche des Menschen ist? Gerade die Lehre von der Unsterblichkeit der Seele ließ schon in der frühen Kirche die Vermutung aufkommen, Plato habe durch diesen Gedanken und die darin sich manifestierende Jenseitsorientierung eine ganz besondere Nähe und Affinität zum Christentum. Unter dem Einfluß der Philosophie und Theologie der Neuzeit sind auch heute viele Menschen der Überzeugung, außer Gott sei eben die Seele d e r Gegenstand des Christentums; das augustinische „Gott und die Seele" hat sich durchgehalten.

Gleichwohl muß mit aller Deutlichkeit gesagt werden, daß die Meinung, im Christentum gehe es um die Seele, offensichtlich zu den unausrottbaren Mißverständnissen und Irrtümern zählt. Die jüdisch-christliche Tradition kennt keine unsterbliche Seele. In den Schriften des Alten und Neuen Testamentes gibt es noch nicht einmal ein Wort, mit dem Seele oder Leib als Teile des Menschen bezeichnet würden. Der Mensch wird vielmehr als eine letzte innere Einheit aus Geist und Materie verstanden. Er hat nicht eine Seele und einen Körper wie zwei Teile eines zusammengesetzten Dinges, er ist Leib und Seele. Der Leib ist das Medium, das Worin und Wodurch des Menschen, die Seele seine Wirklichkeit. Nur in dieser Einheit ist der Mensch. Alle Einzelbegriffe meinen immer, unter je anderem Gesichtspunkt, den ganzen Menschen. In dieser Existenzform ist der Mensch von Gott gewollt und geschaffen. Nichts an ihm ist göttlich und deshalb etwa von Natur aus unsterblich. Die geistige Dimension des Menschen ist in keiner Weise Gott ähnlicher als das leibliche Element. Er ist nicht halb Engel und halb Tier, so daß man nur das Tier, nämlich die Leiblichkeit, wegnehmen müßte, um zum Menschen zu kommen. Die Gottähnlichkeit liegt allein in der Einheit von Leib und Seele, weil nur in dieser Einheit der Mensch verwirklicht ist. Als solcher steht er in unvertretbarer Verantwortung vor Gott; darin gründet seine personale Würde. Die Trennungslinie verläuft nicht zwischen Geist und Materie, zwischen Seele und Körper, wie in der idealistischen Philosophie, sondern zwischen Schöpfer und Geschöpf. Die darin zum Ausdruck kommende Differenz zwischen Gott und Mensch ist ebenso unaufhebbar wie das Bezogensein auf Gott und die darin gründende fundamentale Positivität der ganzen Schöpfung.

Diese christliche Sicht des Menschen hat Konsequenzen. Die Welt ist nicht der Ort der Verbannung eines urspünglich rein geistigen Wesens, sondern sie ist der dem Menschen gemäße Ort. Mensch und Welt gehören zusammen. Es kann nicht die Aufgabe des Menschen sein, sich aus dieser Welt zurückzunehmen, ganz im Gegenteil, er muß sich in dieser Welt verwirklichen, seine je eigene Freiheitsgeschichte wird so zur Geschichte der Welt. Das Heil, das das Christentum verkündet, ist nicht die Erlösung der Seele von ihrem Leib und damit von dieser Welt, wie es die Gnosis alter und neuer Prägung mit ihren die Leiblichkeit abwertenden Tendenzen verkündet, sondern Erlösung dieser Welt und Erlösung für diese Welt.

Schon diese wenigen Hinweise auf die Grundpositionen des spezifisch christlichen Menschenbildes führen zu der unanfechtbaren Einsicht, daß es eine unsterbliche Seele im Sinne idealistischer Philosophie nicht gibt und daß eine solche These darüber hinaus in unaufhebbarem Widerspruch zu zentralen christlichen Aussagen stehen würde.

Was soll also angesichts dieser Sachlage die Rede von der Seele und ihrer Unsterblichkeit im Raume des Christentums? Dazu ist zunächst nüchtern festzustellen, daß es in dieser Frage in der Tat eine früh einsetzende Geschichte der Verfremdung und Überlagerung der ursprünglich christlichen Aussage durch die philosophische Unsterblichkeitslehre gab und gibt, die sich vor allem, aber nicht nur, in der Volksfrömmigkeit ausgebreitet hat. Alle negativen Aspekte und Varianten des anthropologischen Dualismus haben sich dadurch offen oder verdeckt im Raum und im Namen des Christentums ausgebreitet: Welt und Leib verachtender Manichäismus, irregeleitete spiritualistische Askese, die sich besonders fromm vorkommt, ebenso wie eine der Welt sich versagende unchristliche Jenseitsorientierung. Die entscheidende und nie in Frage gestellte Korrektur dieser aus der historischen Situation verständlichen, aber deshalb nicht minder verhängnisvollen Fehlentwicklung war und ist die zentrale christliche Aussage von der Auferweckung der Toten. Nach christlicher Überzeugung geht nicht eine geschichtslose Geistseele nach dem Tod ins Jenseits ein. Es ist vielmehr jedem einzelnen in seiner Personalität das ewige Leben verheißen. Nichts von dem, was einen Menschen prägte, was ihm widerfuhr und was er tat, wird verloren sein. Alles, was ihn zu dem machte, was er in seinem Dasein handelnd und erleidend wurde, wird in seiner unverwechselbaren Identität aufgehoben sein; er wird auferstehen in allen Dimensionen seiner Existenz. Es geht also im Christentum nicht um die Rettung einer abstrakten, neutralen und leibfreien Seele, sondern um den ganzen konkreten Menschen in seiner nicht aufhebbaren Einheit von Geist und Materie.

Kann man, so ist jetzt zu fragen, angesichts dieser christlichen Aussage über den Menschen von einer unsterblichen Seele überhaupt sprechen? Wenn man Seele so versteht, wie es in kurzen Zügen als philosophische Lehre von der unsterblichen Seele dargestellt wurde, muß man auf diese Frage mit einem uneingeschränkten Nein antworten. Aber das Verständnis von Seele ist nicht eindeutig. Im Laufe der christlichen Denkgeschichte hat sich in Auseinandersetzung mit der philosophischen Tradition ein Seelenbegriff herausgebildet, der den Anforderungen christlicher

Anthropologie – wenn man ihn richtig versteht – durchaus gerecht wird. Die philosophische Fassung der christlichen Lehre vom Menschen gehört zu den herausragenden Leistungen des Thomas von Aquin. In dieser Konzeption kann der Begriff ‚Seele‘ nur vom Leib her, eben als Wirklichkeit des Leibes definiert werden. Damit ist aber gesagt, daß, christlich gedacht, für das Wort ‚Seele‘ ebenso wie für ‚Leib‘ immer ‚Mensch‘ stehen kann. Unsterblich ist der Mensch und damit auch die so verstandene Seele nicht. Deshalb sollte man, der Tradition der großen Theologen folgend, nur von der Unzerstörbarkeit der Seele sprechen. Gemeint ist damit, daß der Mensch zwar stirbt, daß er aber nicht vernichtet wird, daß Gott ihn von den Toten erwecken wird, weil er ihn von Anfang an in einen bleibenden Dialog mit sich selbst berufen hat. Innerweltlich ist das weder beweisbar noch widerlegbar; es gibt aber gute Gründe dafür. Daß es geschieht, ist die Hoffnung der Christen; wie es geschieht, entzieht sich aller menschlichen Erfahrung und Spekulation.

Seelenwanderung oder Ewiges Leben? –
Erwägungen über die ,Letzten Dinge'

I.

Es gibt Grunderfahrungen, die die Menschen zu allen Zeiten machten und machen, unabhängig von der jeweiligen Entwicklungsstufe des Bewußtseins oder sonstiger sozialer und kultureller Vorgegebenheiten. Solche Erfahrungen zeichnen sich dadurch aus, daß sie zwar bisweilen mehr oder weniger überlagert und verdeckt sein, aber nie letztlich verdrängt werden können.

Die Tatsache, daß alles in dieser Welt ein Ende hat, daß es also grundsätzlich, nicht zufällig, endlich ist, ist eine solche Grunderfahrung. Es gibt nichts, woran man sich halten und worauf man sich berufen könnte, wollte man im Ernst das Gegenteil behaupten. Diese Einsicht ist von größter existentieller Tragweite, denn sie betrifft alles und schließt deshalb auch den Menschen mit ein. Man kann darüber nicht sprechen wie über irgendetwas beliebig anderes, das einen am Ende nicht berührt und deshalb auch im Grunde genommen nicht interessiert. Bei der damit aufgeworfenen Frage kann man nicht auf Distanz gehen, sich heraushalten und die Sache der Sorge anderer überlassen, die davon vielleicht betroffen sind. Die Frage nach der Endlichkeit und dem Ende hat einzigartigen Charakter, weil sie eben nicht das oder jenes in Frage stellt, sondern schlechthin alles und jeden. Jeder Mensch weiß, daß er einmal nicht da war und über kurz oder lang nicht mehr da sein wird. Alle Versuche, solches zu bestreiten oder es zumindest nicht zur Kenntnis nehmen zu wollen – manches Leben stellt sich wie eine permanente Flucht vor dieser Tatsache dar –, alle diese Versuche scheitern an dem nüchternen Faktum des Todes. Und dagegen helfen keine Argumente. Die Vergänglichkeit, die Kontingenz, ist der alles bestimmende, Mensch und Welt verbindende Grundzug der von uns erfahrbaren Wirklichkeit.

Indem man aber, solche Erfahrung bedenkend, die dabei gewonnene Einsicht ausspricht, tut sich trotz aller Gemeinsamkeit eine grundlegende

Differenz auf. Gewiß, auch der Mensch ist endlich, jeder wird eines Tages sterben, aber er ist das einzige Wesen, das sich seiner Endlichkeit bewußt ist, das darüber nachdenken kann und so sein Ende und seinen Tod schon bei sich hat, bevor er faktisch eintritt.

Diese Erfahrung und solch vorwegnehmendes Wissen um den je eigenen Tod ist die tiefste Wurzel menschlichen Fragens nach dem Ursprung und Ziel, dem Woher und Wohin, nach dem Sinn der eigenen Existenz ebenso wie des Ganzen der Wirklichkeit. Nicht eine positive oder negative Antwort auf diese Frage, sondern die Fähigkeit, sie stellen zu können, ist das unterscheidend Menschliche. Vielleicht kann man sagen: Mit dieser Frage beginnt das Menschsein.

Die Erfahrung der Grenze und die darin aufbrechenden Fragen sind zugleich Berechtigung und Aufforderung, dem Gedanken nachzugehen, ob der Tod wirklich das absolute Ende ist, in dem der Mensch in das Nichts letzter Sinnlosigkeit abstürzt, oder ob es jenseits der Todesgrenze nicht doch Wirklichkeit und Sinnerfüllung gibt.

Die Frage nach dem, was danach kommt, ist nicht etwa durch Religion oder Glaube dem Menschen vorgegeben und eingeredet, etwas also, das man wie ein dogmatisches Postulat mühsam dem Menschen andemonstrieren müßte, sie steht vielmehr vor jeder Religion oder besser gesagt, am Ursprung jeder Religion und hat ihren Sitz mitten in dem ständig vom Tod bedrohten Leben.

Das ist der Grund, weshalb man vernünftigerweise die Frage als solche nicht einfach zurückweisen oder negativ beantworten kann. Die Religionskritik des 19. Jahrhunderts und ihre Epigonen machen es sich zu leicht. Wenn etwa Ludwig Feuerbach (1804–1872) erklärt, Tatsache und Inhalte der Religion seien Projektionen des Menschen und Produkt seiner Wünsche und Hoffnungen, wenn er behauptet, hier werde ein Gedanke zur Wirklichkeit erhobern, wird er der Realität menschlichen Daseins genausowenig gerecht wie Karl Marx (1818–1883), der in der Religion eine Flucht vor unbewältigten innerweltlichen Schwierigkeiten sieht und sie zum „Opium des Volkes" erklärt. Dabei wird vor allem übersehen, daß es auch die negative Gestalt dieser Hoffnung gibt in der

Form der Furcht, es könnte jenseits dieser Grenze eine Instanz geben, die sich, Gerechtigkeit fordernd, gerade gegen den Menschen und seine Wunschträume wendet.

Aber selbst wenn es für den Menschen kein Jenseits der Grenze des Todes geben sollte, muß doch zumindest darüber nachgedacht werden, warum er imstande ist, über diese Grenze hinaus zu fragen. Erfahrung einer Grenze besagt doch, daß sie der innersten Absicht nach bereits überschritten ist, sonst käme die Grenze als solche gar nicht in den Blick. Wohin aber sollte die Frage des Menschen zielen, wohin ausgreifen, wenn jenseits dieser Grenze das Nichts, genauer gesagt, eben nichts wäre? Wäre eine solche Frage überhaupt möglich, ohne daß sie von einer Wirklichkeit hervorgerufen wird, welche ihr immer schon als mögliche Antwort vorgegeben und zugeordnet wäre?

Solche Überlegungen allein können natürlich noch nichts beweisen, aber sie machen doch deutlich, daß es legitim und sinnvoll ist, nach einem Jenseits des Todes zu fragen, und daß sich vielleicht gerade in der Fähigkeit zu dieser Frage der Grund für die Hoffnung auf eine positive Antwort verbirgt.

Die Hoffnung auf ein Jenseits ist die Antwort auf eine Frage, die der Mensch selbst ist. Aus diesem Grunde ist es nicht verwunderlich, daß die Menschheitsgeschichte in allen und greifbaren Phasen und Epochen eine, wenn im einzelnen auch sehr unterschiedliche, Antwort auf diese Frage kennt.

Diese ganze Problematik hat aber nicht nur eine Zukunftsperspektive, so daß man zumindest sagen könnte: Noch ist diese Angelegenheit für mich nicht akut. Sie wirkt vielmehr unmittelbar auch auf jede Gegenwart zurück. Die Todesfrage ist in ihrem tiefsten Grunde die eigentliche Lebensfrage. Denn der Unsinn des Todes zerstört das Leben, schon bevor der Tod selbst eintritt. Die Bewältigung des Todes als der radikalen Infragestellung des ganzen Menschen ist deshalb am Ende identisch mit der Bewältigung des Lebens.

Angesichts der wirklich universalen Bedeutung dieser Probleme könnte man zunächst geneigt sein zu sagen, es genüge eine grundsätzlich positive Antwort, jede weitere inhaltliche Differenzierung sei belanglos verglichen mit der Gegenthese, im Tode gehe wirklich alles zu Ende. Das vor allem auch deshalb, weil eine solche jenseitige Wirklichkeit sich ohnehin unserer Erfahrung entzieht, und somit alle Worte und Bilder nur Hinweisfunktion haben und hinter der gemeinten Sache immer zurückbleiben.

II.

Warum also die alternativ formulierte Frage: Seelenwanderung oder Ewiges Leben? Sind nicht beide Vorstellungen nur Ausdruck der am Ende allein entscheidenden Überzeugung, daß es nach dem Tode mit dem Menschen irgendwie weitergeht?

Diese fundamentale Gemeinsamkeit soll keineswegs gering veranschlagt werden. Sie ist als Gemeinsamkeit unter allen Religionen eine grundlegende Voraussetzung für den dringend erforderlichen Dialog.

Gleichwohl kann man es, wie mir scheint, bei diesem Konsens im ‚Daß‘ eines Weiterlebens nicht belassen. Beide Antworten stehen nämlich nicht isoliert und allein, gewissermaßen als zwar unterschiedene, im Grunde aber austauschbare Denkmodelle für die gleiche Sache, sondern sie haben Voraussetzungen und Konsequenzen, von denen sie nicht abgetrennt werden können, die ihrerseits aber nicht austauschbar sind. Um es bewußt zugespitzt und vielleicht überspitzt zu formulieren: Wenn man von Ewigem Leben spricht werden Gott, Welt und Mensch ganz anders verstanden, als wenn man die Vorstellung von einer Seelenwanderung zugrundelegt.

Zu dieser Verflechtung, in der unsere Frage steht, kommt noch eine weitere Schwierigkeit hinzu. Streng genommen kann man von der Seelenwanderungslehre in einem klar abgegrenzten Verständnis gar nicht sprechen. Der Gedanke der Reinkarnation begegnet in sehr heterogenen religiösen Gestalten und philosophischen Systemen. Was im einzelnen genau darunter zu verstehen ist, und wie diese Vorstellung ausgelegt werden muß, läßt sich nur aus dem jeweiligen Gesamtzusammenhang aufzeigen.

Der ursprüngliche Ansatz dürfte jedoch die Grunderfahrung sein, aus der sich, wie eingangs gezeigt wurde, auch die Frage nach dem Tode erhob. Sie liefert zugleich das Modell für eine erste Antwort. Unsere Erfahrung belehrt uns nicht nur nachdrücklich darüber, daß alles zu Ende geht, sondern auch darüber, daß aus jedem Zugrundegehen ein neues Werden entsteht. Die periodisch-zyklische Wiederkehr aller Naturabläufe, die Phänomene des Entstehens und Vergehens, alles das legt den Gedanken nahe, auch der Mensch selbst stehe in diesem Prozeß und Kreislauf der Natur. Damit ist die Vorstellung einer Wanderung der Seele grundgelegt. Nach dem Tode des Menschen kehrt die Seele in neuer Gestalt, sei es als Mensch oder auch als Tier, wieder in diese Welt zurück. Daß sich diese Vorstellung, wenn auch vielfach modifiziert, bis in die ersten greifbaren Anfänge der Menschheitsgeschichte zurückverfolgen läßt, ist unmittelbar einsichtig.

Eine völlig neue Dimension und Qualität und damit auch eine andere Sinnrichtung erhält die Seelenwanderung, wenn sie mit dem Gedanken der Gerechtigkeit und Vergeltung verbunden wird und damit den Kreislauf der ewigen Selbigkeit und Wiederkehr durchbricht hinein in eine sich grundsätzlich aufwärts entwickelnde, zielgerichtete Spiralbewegung. In dieser Gestalt ist die Lehre von der Seelenwanderung weit verbreitet.

Nahezu alle indischen Religionsformen und philosophischen Systeme zählen die Seelenwanderung zu ihren Grundlehren. Bei den Ägyptern findet sich dieser Gedanke ebenso wie bei den Griechen. Neben den Orphikern und Pythagoreern ist wegen seiner überragenden Bedeutung für das Abendland vor allem Plato zu nennen und in seinem Gefolge Plotin und der Neuplatonismus, das letzte große System der antiken Philosophie.

Neben dem schnellwachsenden Einfluß östlicher Mentalität und Spiritualität im Westen haben in unserem Jahrhundert vor allem die Theosophie und die Anthroposophie dazu beigetragen, daß die Lehre von der

Reinkarnation auch in Europa und Amerika große Verbreitung und starke religiöse Überzeugungskraft gewonnen hat. Während die Theosophie, hauptsächlich vom Buddhismus und Hinduismus beeinflußt, von Gott ausgehend in pantheistischer Weise die Welt als Prozeß Gottes sieht, orientiert sich die Anthroposophie nach ihrer Abspaltung von der Theosophie mehr an ägyptischen und griechischen Mythen und konzentriert sich auf das Wissen vom inneren Menschen.

Daß bedeutende deutsche Denker und Dichter wie Kant, Lessing, Herder, Goethe und Schopenhauer der Seelenwanderungstheorie zumindest sehr positiv gegenüberstanden, soll nicht unerwähnt bleiben.

Wegen der Verschiedenheit der Kulturen und Denkstrukturen mit ihren anderen Anliegen und Zielrichtungen, in denen die Vorstellung von der Seelenwanderung auftritt, verbietet es sich, pauschal und undifferenziert von der Reinkarnationslehre zu sprechen.

Wenn das hier trotzdem geschieht, dann mit Vorbehalt und in dem Wissen, daß einzelne inhaltliche Aussagen keineswegs für jede konkrete Ausprägung des Gedankens zutreffen. Insbesondere muß abendländisches Denken damit rechnen, daß ihm der Zugang zum Grundansatz fernöstlicher Philosophie und Religion noch zu sehr versperrt ist, als daß es die letzte Aussageabsicht im einzelnen adäquat erfassen könnte. Es muß offen bleiben für die Einsicht, daß durch ein tieferes Eindringen in die eigene und andere Position Gegensätze untereinander vermittelt und in eine höhere Einheit integriert werden können. Damit soll aber nicht gesagt sein, daß am Ende alles miteinander vermittelbar und vereinbar sein muß. Es gibt Grundpositionen, die unaufgebbar sind, wenn sich ein bestimmter Denkansatz nicht selbst aufgeben will. Diese klar herauszuarbeiten, ist Voraussetzung, nicht Zerstörung des Dialogs.

Wenn von Seelenwanderung oder Reinkarnation gesprochen wird, dann ist es naheliegend und erforderlich, als erstes zu fragen, was eigentlich die Seele ist, die da von einem Körper zum anderen wandert, die präexistent und postexistent ist, d.h. die schon existiert, bevor sie in einen Körper eingeht, und die auch nach der Trennung von ihm weiterlebt.

Diese Frage schon führt in eine Schwierigkeit, denn sie läßt sich nicht eindeutig beantworten. Zwei grundsätzlich verschiedene Aussagen zeichnen sich ab.

Im Pantheismus gibt es nur eine absolut ewige, unendliche und nichtpersonale Wirklichkeit. Die Dinge unserer Erfahrung sind nur Erscheinungen des Absoluten. Wenn in einem solchen System der Wirklichkeitsdeutung von Seelenwanderung gesprochen wird, dann handelt es sich nicht um eine individuell verstandene, substantielle Einzelseele, sondern um eine Emanation, ein „Ausfließen" des Göttlichen selbst. Sie geht aus dem Göttlichen hervor und ist selbst etwas potentiell Göttliches, das in dem Prozeß durch die verschiedenen Inkarnationen am Ende in das eine Selbst seines Ausgangs zurückkehrt. Ähnlich wie in rein philosophischen Entwürfen wird nicht an eine bleibende Vereinzelung des Individuums gedacht. Das Eine als das absolute, ewige Sein ist das unwandelbar Bleibende, die Vielheit der endlichen und wandelbaren Dinge ist nur eine Durchgangsphase, die grundsätzlich überwunden werden muß.

Eine andere Bedeutung hat der Begriff Seele in den Entwürfen, die in einem theistischen Kontext stehen und die geschaffene Einzelseele postulieren, das Verhältnis Leib – Seele aber auch streng dualistisch sehen. Ob das Ziel dieser Einzelseelen in der eigenen Identität zu sehen ist, bleibt offen, muß aber ernsthaft angezweifelt werden.

Sieht man einmal von diesem Grundunterschied eines pantheistischen und eines theistischen Ansatzes ab, dann zeichnet sich folgende Gemeinsamkeit im Verständnis von Seelenwanderung ab. Der Mensch ist wesenhaft eine Geistseele, die sich in zeitlichem Nacheinander mit verschiedenen Körpern verbindet und dadurch mehrere Existenzen auf dieser materiellen Welt im Prozeß ihrer Läuterung durchlaufen kann. Die Welt als solche hat für diese Seele nur negative Bedeutung.

Ob die Reinkarnation unmittelbar nach dem Tode geschieht oder erst nach einer Zwischenphase, ist für den Grundgedanken ohne Belang. Die jeweils neue Existenz ist nicht nur Lohn oder Strafe, sondern auch – und das ist das Faszinierende dieses Gedankens – neue Chance, das, wie auch immer vorgestellte, Ziel zu erreichen.

Auf den ersten Blick scheint eine Reihe von bedrängenden Fragen, vor allem nach Gerechtigkeit und Chancengleichheit und echten Anliegen durch die Lehre von der Seelenwanderung beantwortet. Bei genauerem Hinsehen werden aber die damit angesprochenen Probleme nur verlagert; andere kommen noch hinzu. Die Argumente, die von den Erfahrungswissenschaften wie der Psychologie und Parapsychologie für die Seelenwanderung vorgetragen werden, sind nicht zwingend, da alle zur Begründung angeführten Phänomene auch anders erklärbar sind. Diese Bedenken und Einwände sind aber sekundär.

III.

Die zentrale, die Voraussetzung dieser Übelegungen betreffende Frage ist eine andere, nämlich die: Was ist eigentlich der Mensch? Spricht die Lehre von der Seelenwanderung von dem wirklichen, konkreten Menschen, so wie er sich in der Selbst- und Fremderfahrung darbietet und von der Philosophie und den anderen Humanwissenschaften analysiert und dargestellt wird? Ist die Seele der wirkliche Mensch, so daß sie ohne Indentitätsverlust von einem Körper in einen anderen übergehen kann? Oder umgekehrt gefragt: Ist der Mensch wirklich nur eine Seele?

In diesen Fragen bricht eine fundamentale Divergenz und der, wie mir scheint, nicht überbrückbare Unterschied auf zum spezifisch christlichen Ansatz, der darüber hinaus von allen Wissenschaften, die sich mit dem Menschen unter den verschiedenen Aspekten befassen, bestätigt wird.

Nach christlichem Verständnis gibt es keine Seele, die wandern könnte von einem Körper in den anderen. Der Mensch ist nicht eine Seele, die mehr oder weniger zufällig und gegen ihre eigentliche Natur in einem Körper ist. Der Mensch ist vielmehr eine letzte innere Einheit aus Geist und Materie. Er hat nicht eine Seele und einen Körper, so wie zwei Teile einer Sache, sondern er ist Seele und Leib. Die Seele ist die Wirklichkeit des Leibes und der Leib ist die Erscheinungsweise der Seele. Im konkreten Menschen sind die beiden nicht für sich selbst existierenden Prinzipien Geist und Materie identisch.

Als dieses Wesen und in dieser inneren Einheit ist der Mensch von Gott gewollt und geschaffen. Nichts an ihm ist göttlich und deshalb von Natur aus unsterblich. Der ganze Mensch ist Geschöpf Gottes. Diese Differenz zwischen Mensch und Gott ist nie aufhebbar. Pantheistische Tendenzen sind zwar immer eine gewisse Gefahr – man denke etwa an bestimmte Erscheinungsformen der Mystik –, aber christlich nicht akzeptabel.

Mit diesem Verständnis des Menschen ist zugleich Entscheidendes über die Welt ausgesagt. Auch sie ist Schöpfung Gottes und in ihrer Materialität nicht etwa negativ zu bestimmen als der grundsätzlich zu überwindende Raum der Bewährung einer von ihrem Ursprung und Ziel rein geistigen Seele. Die Welt ist der Ort des Menschen. In dieser Welt muß er sich, gerade auch als Christ, verwirklichen, nicht an ihr vorbei. Mensch und Welt gehören zusammen. Ohne Welt ist der Mensch christlich nicht denkbar.

Der Vorwurf, das Christentum sei weltfremd und weltfeindlich und verkünde die Weltflucht, trifft höchstens bestimmte historische Erscheinungsformen, in keinem Fall das Wesen des Christentums. Christentum bedeutet Weltbejahung in einem nicht zu überbietenden Maße.

In dieser Welt, die einen von Gott gesetzten Auftrag hat und von ihm auf ein Ziel hingeordnet ist, vollzieht sich das Leben des Menschen. Sie ist nicht nur die Bühne, auf der sich seine Zukunft entscheidet, sondern die Welt gehört, vermittelt durch die Leiblichkeit, in diese auf Endgültigkeit hinführende Freiheitsgeschichte des Menschen hinein.

Gegen den Gedanken eines ewigen Kreislaufes, einer ständigen zyklischen Wiederkehr hat schon Augustinus in seinem berühmten Werk „De civitate dei", „Vom Gottesstaat", mit Berufung auf die Einmaligkeit der Menschwerdung Christi und in Auseinandersetzung mit den Welt- und Seelenkreislauftheorien der Antike nachdrücklich einen linearen, zielgerichteten Verlauf der Geschichte als spezifisch christliche Sicht der Wirklichkeit herausgearbeitet. Das Dasein des Menschen in dieser Welt ist einmalig und unwiederholbar. Freiheit und Entscheidungscharakter machen die Würde und den Ernst menschlichen Lebens aus. Der Tod bedeutet nicht die Freigabe der Seele für eine neue Inkarnation und somit die Voraussetzung beliebiger Revisionsmöglichkeit. Der Tod bringt vielmehr Endgültigkeit und Unwiderruflichkeit menschlicher Freiheitsgeschichte. Vor dem absoluten Anspruch Gottes würde auch eine Wiederholung des Lebens nichts qualitativ Neues bedeuten, sondern nur die Addition mehrerer, aber letztlich doch endlicher Lebensentscheidungen.

Diese Endgültigkeit macht den radikalen Ernst des Todes aus, und darin gründet zugleich die Dynamik, die Spannung und die Lebendigkeit des Lebens.

Tod bedeutet deshalb nicht Trennung von Leib und Seele als zwei Teilen, die ohnehin nicht zusammengehören. Der Tod als Folge der Sünde betrifft den ganzen Menschen mit einer letzten Radikalität. Da aber der Mensch die ursprüngliche Schöpfungsabsicht Gottes auch durch die Sünde nicht durchkreuzen und aufheben kann, führt Gott den Menschen durch den Tod hindurch zu dem ihm ursprünglich zugedachten Ziel: zu ewigem Leben.

Das ist mit der grundlegenden christlichen Aussage von der Auferstehung, genauer gesagt, von der Auferweckung der Toten (nicht des Leibes oder gar des Leichnams!) gemeint. Erlösung und letzte Sinnerfüllung ist nicht Befreiung einer unsterblichen Seele aus einem Körper, aus dieser Geschichte und Welt, sondern Vollendung des ganzen Menschen, seiner Welt und seiner Geschichte. Im Christentum geht es nicht um die Seele, sondern um den Menschen.

Das Neue Testament spricht von einem neuen Himmel und einer neuen Erde, und Thomas von Aquin, der große christliche Denker des Mittelalters, wird nicht müde zu betonen, daß Erlösung nicht Zerstörung, sondern Vollendung der Natur sei, nicht destructio, sondern perfectio naturae. Diesseits und Jenseits sind keine sich ausschließenden Gegensätze, sondern heilsgeschichtliche Phasen der einen Wirklichkeit. Man kann das Jenseits nicht ohne das Diesseits haben.

Auferstehung der Toten hat also nichts zu tun mit fragwürdigen Spekulationen über den Verbleib des Leichnams, der am Ende der Zeiten mit der ohnehin unsterblichen Seele wieder verbunden würde. Es kommt darin vielmehr die Überzeugung zum Ausdruck, daß der gesamte Mensch als ein leiblich-geistiges Wesen in seiner Eingebundenheit in Welt und Geschichte, daß er mit seiner je eigenen Geschichte zu bleibender Existenz berufen ist.

Von dieser dem Menschen von Gott zugesagten und nur von Gott her dialogisch zu verstehenden Wirklichkeit, von allem also, was die sogenannten ‚Eschata‘, die ‚Letzten Dinge‘ betrifft, kann man nur in Bildern und Mythen sprechen. Darin liegt eine große Gefahr, denn diese Bilder und Mythen werden in dem Augenblick falsch, wo nicht permanent mit bedacht wird, daß es eben nur Bilder sind, nur Hinweise auf das letztlich Unsagbare und Unbegreifliche. Werden solche Bilder für die Sache genommen, dann wird sehr schnell auch mit den Bildern die Sache verworfen. Jede endliche Vorstellung wird, in die Ewigkeit projiziert, banal, langweilig und schließlich abstoßend. Wenn das vergessen wird, kann es geschehen, daß sich dessen, wovon man genaugenommen nur sagen kann, wie es nicht ist, die Phantasie, bisweilen gar eine krankhafte Phantasie, bemächtigt und auf solche Weise, sicherlich nicht mit Absicht, zentrale Wahrheiten des Christentums der Lächerlichkeit preisgibt.

Da der Mensch aber nicht anders kann, wird dieses Ewige Leben unter je anderen Gesichtspunkten mit verschiedenen Bildern und Begriffen wie Himmel, Hölle, Purgatorium, Gericht zur Sprache gebracht.

Diese Begriffe und Bilder sind nichts anderes als die gedankliche Explikation und Ausfaltung jener zentralen Tat Gottes, die mit der Auferweckung der Toten identisch ist: nämlich der Herstellung universaler Gerechtigkeit. Einer Gerechtigkeit, die nicht, vergleichbar irdischem Recht, nach allgemeinen Normen mißt, sondern dem je einzelnen mit seinen Fähigkeiten und Bedingtheiten, mit seiner konkreten Lebensgeschichte, seinen Bindungen und seiner Freiheit bis in die letzte Tiefe seiner Gesinnung hinein gerecht wird und auch Recht verschafft. Es ist die Gerechtigkeit Gottes, der nach dem Ausweis der Schrift zugleich die erbarmende Liebe ist und will, daß alle Menschen gerettet werden und zur Anschauung der Wahrheit gelangen (1. Timotheusbrief 2,4).

Diesen durch Gottes Macht, nicht durch den Menschen herbeigeführten

Zustand ungetrübten Glücks nennt also christlicher Glaube Ewiges Leben. Es ist nicht ein Aufgehen des einzelnen in Gottes Ewigkeit, sondern, wiederum analog gesprochen, die personale Begegnung von Gott und Mensch, und damit bleibende Vereinzelung des menschlichen Ich im Gegenüber zum Du Gottes.

Seelenwanderung oder Ewiges Leben? Die Ausgangsfrage dieser Überlegungen aufgreifend, muß man wohl feststellen: Seelenwanderung und Ewiges Leben sind nicht nur verschiedene Denkmodelle einer identischen, aber nicht adäquat erfaßbaren Wirklichkeit. Es zeichnen sich zumindest streckenweise, Grundunterschiede in den Voraussetzungen und Folgerungen ab, im Verständnis von Gott, Welt und Mensch. Anlaß also, weiter darüber nachzudenken.

Vielleicht kann ein Wort des Apostels Paulus dabei leitend sein, wenn er, auf Bilder und affirmative, inhaltliche Aussagen verzichtend, die alles Verstehen und Begreifen übersteigende Wirklichkeit Gottes ins Bewußtsein ruft und dabei nicht nur vom Nachdenken spricht: „Kein Auge hat es gesehen, kein Ohr hat es gehört, in keines Menschen Herz ist es gedrungen, was Gott denen bereitet hat, die ihn lieben" (1. Korintherbrief 2,9).

Thomas von Aquin (1224–1274) – Die Autonomie der Vernunft

I.

Was andere gedacht haben, so schreibt Thomas von Aquin einmal, interessiere ihn nicht; ihm gehe es allein darum, wie es sich mit der Wahrheit der Dinge verhält (In De caelo et mundo, lib. 1, lect. 22, nr. 228). Dieser Grundsatz scheint auf den ersten Blick jedem den Boden zu entziehen, der sich anschickt zu fragen, was Thomas von Aquin, ein Dominikanermönch des 13. Jahrhunderts, gedacht hat. Wäre es nicht seiner Absicht viel angemessener, wenn wir uns um die wirklich nicht geringen Probleme in Kirche und Welt von heute kümmerten? In einer Hinsicht ist die Frage berechtigt. Trotz seiner herausragenden Bedeutung als Philosoph und Theologe ist auch Thomas von Aquin ein Kind seiner Zeit, auch bei ihm findet sich vieles, was an ein vergangenes Weltbild gebunden und deshalb für uns nur noch von historischem Interesse ist. Manches ist gar befremdend und geeignet, uns erschrocken zu machen. Das ist aber nicht das Ganze. Das Desinteresse an dem, was andere gedacht haben, äußert Thomas von Aquin ausgerechnet in einem seiner zahlreichen Kommentare zu Aristoteles, einem griechischen und zudem heidnischen Philosophen, von dem ihn zeitlich etwa 1500 Jahre trennten. Sein Grundsatz bedarf deshalb, wenn wir dem scharfen Denker Thomas nicht unterstellen wollen, er widerspreche sich selbst, einer näheren Erklärung: Alles, was einmal gedacht wurde, so ist dieser Satz wohl zu verstehen, muß unter den Anspruch der Wahrheit gestellt werden. Und so gesehen, kann vieles, was von anderen gedacht wurde, durchaus von hohem Interesse sein. Am Ende zählt für Thomas nicht, wann und von wem etwas gesagt wurde, nicht die Autorität, die hinter einer Aussage steht, was zählt, sind allein die Gründe und Argumente, von denen ein Gedanke getragen ist. Aristoteles wird als Philosoph diesem Anspruch nach der Überzeugung des Thomas auf weite Strecken gerecht, weil er in seinem Denken von dem nicht abweicht, was offenkundig ist. Und deshalb ist er für ihn von hohem Interesse.

In diesem Sinne soll im folgenden von Thomas von Aquin gesprochen werden. Es soll der Versuch gemacht werden, nicht in erster Linie geschichtlich Einmaliges und Vergangenes in Erinnerung zu rufen, sondern darin Wahrheit, d.h. richtig Erkanntes und deshalb Bleibendes formeller und inhaltlicher Art aufzudecken.

Zu diesem Zweck darf man das Werk des Thomas nicht auf fertige Ergebnisse reduzieren, man muß sich vielmehr auf die Bewegung seines Denkens einlassen und es im geistesgeschichtlichen Kontext des 13. Jahrhunderts nachvollziehen. Denn auch das gehört zu seinen Grundeinsichten: Der Mensch ist denkend und glaubend auf dem Wege, die absolute Wahrheit ist sein Ziel, aber nicht sein Besitz. In solchem Nachvollzug wird sich dann zeigen, daß Thomas in der Tat zu den ganz großen Denkern des Christentums zählt, und daß er dem Gang des Denkens und der Geschichte eine neue bis in unsere Tage nachwirkende Richtung gegeben hat.

II.

Bis zum Beginn des 13. Jahrhunderts war christliches Denken im wesentlichen von der überragenden Autorität des Aurelius Augustinus (354–430) geprägt. Augustinus selbst stand unter dem Einfluß des Neuplatonismus. Von dem damit gegebenen philosophischen Vorverständnis her bemühte er sich – eine Alternative gab es für ihn nicht –, die Inhalte des christlichen Glaubens zu denken, wodurch Elemente in die christliche Theologie eingingen, die zu Überfremdungen, bisweilen gar zu Verfälschungen spezifisch christlicher Inhalte führten. Ohne nähere Differenzierungen seien einige für den Kontext dieser Überlegungen wichtige derartige Sachverhalte angesprochen. Unter dem Einfluß der platonischen Ideenlehre setzte sich im Christentum eine extreme Jenseitsorientierung durch, in deren Gefolge die grundsätzliche Positivität der Welt, ihre Eigenwirklichkeit und Eigenwertigkeit mehr und mehr aus dem Bewußtsein schwanden. Diese Minderbewertung des Natürlichen reichte bis zur Weltverachtung. Die Allwirksamkeit und Allursächlichkeit Gottes wurden gleichzeitig so nachdrücklich betont, daß auch ein theologisch gefordertes Mindestmaß an Freiheit und Initiative des Menschen nicht mehr gewährleistet war. Vor der absoluten Wirklichkeit Gottes erschien das Geschöpf wie nichts. Auch der neuplatonische Dualismus zwischen der bleibenden Welt des Geistes und der Vergänglichkeit der Materie, in der man zudem häufig auch das Prinzip des Bösen sah, hat das Selbstverständnis der Jahrhunderte nach Augustinus nachhaltig geprägt. Das zeigt sich nicht zuletzt in einem unangefochtenen Leib-Seele-Dualismus. Der Mensch ist in dieser Sicht streng genommen eine Seele; die leibliche Dimension wird – vor allem unter dem Einfluß einer fragwürdigen Erbsündenlehre – vorwiegend negativ beurteilt und nur als Belastung und Ort der Sünde empfunden. Aus dieser geistigen Situation heraus entstand ein bedrückendes Lebensgefühl, das den Menschen keinen Raum mehr zur Entfaltung ließ.

Mit dem Bekanntwerden der aristotelischen Philosophie gegen Ende des 12. Jahrhunderts eröffnete sich eine völlig andere und neue Weltdeutung. Aristoteles steht dieser Welt ohne Vorbehalte gegenüber. Er sieht in ihr die eigentliche Wirklichkeit. Die mit den Sinnen erfahrbare Welt ist nicht nur Verweis auf das Jenseits. Der Mensch ist mit seiner Erkenntnis an diese Welt gebunden. Nur in der Hinwendung zu ihr, nicht in Abkehr von der Welt, kann er Wahrheit erkennen. Damit bekommen die Welt und der Mensch einen neuen Stellenwert. Es ist einfühlbar, daß das aristotelische Denken in der damaligen bedrückenden geistigen Atmosphäre eine außerordentliche Anziehungskraft ausgeübt haben muß. Andererseits ist es aber auch nachzuvollziehen, daß die Kirche in diesem Umbruch, in dieser Säkularisierung der bis dahin umfassend religiös bestimmten Welt und Kultur eine fundamentale Bedrohung von Religion und Christentum sah. Die Kirche identifizierte sich mit ihrer bisherigen neuplatonisch-augustinisch geprägten Tradition und setzte sich zur Wehr, allerdings mit einer fragwürdigen und am Ende untauglichen Maßnahme, sie verbot die Lektüre der neuentdeckten metaphysischen Schriften des Aristoteles.

In dieser gespannten Lage zeichnet sich das geistige Format des Thomas von Aquin schlaglichtartig ab. Als Vierzehnjähriger begann er 1239 in Neapel mit dem Studium des neuentdeckten Aristoteles – im Jahre 1210 war das erste kirchliche Aristotelesverbot in Paris ergangen –, und setzte es dann bei seinem Lehrer Albertus Magnus in Köln fort. Neben seinen großen theologischen und philosophischen Werken schrieb er als Professor der Theologie an der Universität Paris und an verschiedenen Ordenshochschulen in Italien fortlaufend Kommentare zu den Werken des Aristoteles. Der Konflikt mit der kirchlichen Obrigkeit konnte nicht ausbleiben; noch drei Jahre nach seinem Tod im Jahre 1274 wurde eine Reihe theologischer Thesen des Thomas offiziell verurteilt.

Warum, so kann man fragen, dieser bewußt gewählte Kurs der Auseinandersetzung. Thomas hatte den Ernst der Lage klar erkannt, er sah aber auch mit derselben Klarheit, daß sich das Christentum dem Anspruch der Vernunft und des Denkens stellen mußte. Die Verhältnisbestimmung von auctoritas und ratio, von Glauben und Vernunft, war nicht irgendein Problem unter vielen anderen der damaligen Zeit. Angesichts der aufbrechenden und das ganze geistige Leben bestimmenden Rationalität in der Gestalt der aristotelischen Philosophie stand der christliche Glaube in der großen Gefahr, in den Irrationalismus abgedrängt zu werden und damit der Bedeutungslosigkeit zu verfallen. Das macht es verständlich, daß Thomas alles daran setzte, die Theologie als Wissenschaft zu verstehen und ihr einen Platz an den neu entstehenden Universitäten zu sichern. Das war das Gebot der Stunde und dem gerecht geworden zu sein, zählt zu seinen bleibenden Leistungen.

Auf einen anderen Grundzug im geistigen Leben der damaligen Zeit muß noch aufmerksam gemacht werden. Die Kirche befand sich auf einem Höhepunkt ihrer Macht und lief damit Gefahr, ihrem eigentlichen Auftrag nicht gerecht zu werden. Als Reaktion darauf wurde der Ruf nach Reform, zum Rückgriff auf die Forderungen des Evangeliums immer stärker. Aus diesem Anliegen heraus entstanden die sogenannten Bettelorden der Franziskaner und Dominikaner mit völlig neuen und anderen Zielsetzungen als die bisherigen Ordensgemeinschaften. Im Jahre 1244 trat Thomas in den Dominikanerorden ein, gegen den heftigen Widerstand seiner Familie, und entschied sich damit ebenso gegen die konservativen und reaktionären Kräfte für die Innovation und die Zukunft des christlichen Glaubens.

Bei aller Besonnenheit, die Thomas auszeichnete, war er ein mutiger und im wahren Sinne des Wortes ,radikaler' Mensch. Im Denken und im

Glauben griff er auf die je unterschiedlichen Wurzeln zurück, um sie zu einer Synthese zusammenzuführen. Er war kein Ideologe, sondern Realist, der immer nach der Wirklichkeit und Wahrheit fragte und keiner Frage auswich.

III.

Thomas war Theologe. Wenn er trotzdem die erste eigenständige Philosophie im Raum des Christentums entworfen hat, dann muß das in einer theologischen Vorentscheidung den Grund haben. Diese Vorgabe ist das strenge Ernstnehmen der Glaubenswahrheit, daß die Welt Schöpfung Gottes ist. Aus diesem Grunde, nicht weil er modern sein wollte, entschied sich Thomas gerade als Theologe für das Denken in der Gestalt der aristotelischen Philosophie, die wegen ihrer unbefangenen Hinwendung zur Welt im Urteil der traditionellen Theologie und eines spiritualistischen und jenseits-orientierten Glaubensbewußtseins als profan und damit als Widerspruch zum Christentum empfunden wurde. Die Welt, begriffen als Schöpfung Gottes, ist als Ganze grundsätzlich positiv bestimmt. Das Verhältnis von Gott und Welt darf deshalb nicht umgekehrt proportional gedacht werden, wie das unerleuchtete Frömmigkeit bisweilen tut, so daß die Absolutheit Gottes mit Notwendigkeit die Nichtigkeit der Welt nach sich zöge. Das von Gott Geschaffensein begründet Größe und Würde der Welt, ihre Selbständigkeit und Eigenwertigkeit. Aus dieser Glaubensüberzeugung heraus kann Thomas formulieren, daß, wer die Schöpfung mißachtet, den Schöpfer mißachtet (Summa contra Gentiles III 68). Die Allursächlichkeit Gottes zerstört nicht die Eigenwirksamkeit der Geschöpfe, denn Gott hat ihnen Eigenständigkeit und Eigenwirksamkeit verliehen (De anima, art. 4 ad 7). Es ist gottgewollt, daß die Schöpfung nicht nur ist, sondern sich selbst aus ihren eigenen Kräften entfaltet.

Das Gesagte gilt natürlich in besonderer Weise für den Menschen als Vernunftwesen. Als wesenhaft verleiblichter Geist gehört er zur Welt. Die Welt ist der Ort des Menschen. Eigenständigkeit und Eigendynamik der Schöpfung versammeln sich gewissermaßen im Menschen, in der gottgewollten Autonomie der Vernunft, die der gesamten Wirklichkeit zugeordnet ist. Die Feststellung, die menschliche Vernunft sei autonom, ist also nicht eine gewagte These, die man aus christlicher Sicht gerade noch tolerieren könnte, sondern eine Grundforderung des Christentums. Kein Mensch und kein Christ darf sich unter Berufung auf seinen Glauben vom Denken dispensieren. Autonomie heißt freilich nicht Beliebigkeit oder Subjektivismus. Die Denk- und Wahrheitsfähigkeit des Menschen gründet letztlich in Gott. Thomas spricht von einer Teilhabe der menschlichen Vernunft an der prima veritas, an der Wahrheit Gottes selbst.

Das gilt zunächst in formaler Hinsicht. Es ist für jeden unmittelbar einsichtig, daß etwas, das ist, nicht zugleich und in derselben Hinsicht auch nicht sein kann; daß Ja und Nein in einem Urteil nicht gleichzeitig wahr sein können. Das Kontradiktionsprinzip also und das Identitätsprinzip sowie den Satz vom ausgeschlossenen Dritten erfaßt der Mensch durch das natürliche Licht der Vernunft. Die Denkgesetze des Menschen, in denen sich die Gesetze und Prinzipien des Seins spiegeln, sind gültige und notwendige Voraussetzungen des Glaubens. Der Glaube bietet zwar neue, vom Menschen nicht ableitbare Inhalte, aber keine neuen Gesetze, mit denen diese Inhalte erfaßt und gedacht werden könnten. Glaube und Theologie bleiben also auf das natürliche Denken unablösbar verwiesen. Jede Wahrheit, von wem immer sie erkannt sein mag, so betont Thomas, ist vom Geiste Gottes (Summa theologiae I/II q. 109, art. 1). Darin liegt auch der tiefste Grund dafür, daß es unmöglich ist, daß das, was uns auf dem Wege des Glaubens überliefert wird, im Widerspruch zu unserer natürlichen Erkenntnis stehen könnte. Denn dann wäre es nötig, daß das eine von beiden falsch ist; da uns aber beides von Gott gegeben ist, wäre Gott der Ursprung der Falschheit, was in sich unmöglich ist.

Grundsätzlich können also die Wahrheit des Verstandes und die Wahrheit des Glaubens nicht in Widerspruch geraten. Mit Entschiedenheit hat Thomas die These von einer doppelten Wahrheit zurückgewiesen, wonach etwas theologisch wahr und aufgrund der Erkenntnis einer anderen Wissenschaft falsch sein könnte und umgekehrt. Wenn es aber gleichwohl zu Widersprüchen kommt, dann sind entweder die Grundsätze der Vernunft nicht richtig angewendet, oder die Theologie gibt etwas für eine Glaubenswahrheit aus, was in Wirklichkeit keine ist. In keinem

Fall, und das ist ein Satz von großer Tragweite, kann etwas Inhalt christlicher Offenbarung und somit Gegenstand des Glaubens sein, das den Grundprinzipien und Gesetzen der Vernunft und des Denkens widerspricht. Darin zeigt sich die Eigenständigkeit, die Autonomie der Vernunft. Sie ist die letzte kritische Instanz gegenüber dem Glauben. Ohne das Denken gerät der Glaube in die Verwahrlosung im strengen Sinne des Wortes; er verliert das Kriterium der Wahrheit. Damit sind die Voraussetzungen nicht nur für eine eigenständige Philosophie gegeben, sondern auch für jede Art wissenschaftlicher Welterkenntnis, und zwar unabhängig von Glauben und Theologie.

In dieser von Thomas von Aquin mit Nachdruck vorgetragenen Einsicht liegen die Voraussetzungen für die modernen Naturwissenschaften. Menschliches Denken wird zu einer selbständigen Quelle der Wahrheit, und das nicht in neutraler Distanz zu Glauben und Theologie; es geschieht vielmehr ausdrücklich im Namen des christlichen Glaubens. Die menschliche Vernunft wird ebenso wie die Welt jeder Bevormundung durch den Glauben entzogen, ein Vorgang von kaum zu überschätzender Tragweite. Vernunft und Welterkenntnis gewinnen zugleich eine neue und für Glauben und Theologie grundlegende Bedeutung. Das Ernstnehmen der profanen Welt als Schöpfung Gottes impliziert, daß das Wissen von der Schöpfung nicht belanglos für Glauben und Theologie sein kann, d.h. daß ein Weg über diese Welt zum Schöpfer führt. Thomas ist der Überzeugung, daß Irrtümer über die Schöpfung zu einem falschen Wissen über Gott führen und dadurch den Menschen von Gott wegführen können (Summa contra Gentiles II 3).

Seine Überlegungen über das Verhältnis von Glauben und Denken faßt Thomas in dem berühmten Grundsatz zusammen, daß der Glaube das Wissen nicht aufhebt, sondern die natürliche Erkenntnis voraussetzt wie die Vollendung das, was der Vollendung bedarf (Summa theologiae I q. 2, art. 2 ad 1). Dieser für die damalige Zeit geradezu revolutionäre Ansatz hat in vielfältigen Brechungen in der gesamten Theologie des Thomas seinen Niederschlag gefunden.

IV.

Als Theologe sah Thomas nicht nur die Grenzen der platonischen, sondern auch der aristotelischen Philosophie. Beide, Plato und Aristoteles, mußten, da sie allein auf das Denken verwiesen waren, letztlich ein geschlossenes System entwerfen, in dem am Ende das Allgemeine immer den Vorrang vor dem Einzelnen hat. Über den Tod hinaus sich durchhaltende Vereinzelung läßt sich weder von Plato noch von Aristoteles denken. Aber genau das, daß der Einzelne als Subjekt bei Gott eine Zukunft hat, zählt zu den Grundaussagen des Christentums. Indem Thomas dieses Verständnis des Menschen philosophisch konzipierte und umsetzte, gab er aus der jüdisch-christlichen Tradition heraus dem Denken des Abendlandes eine neue Richtung.

Der Mensch ist von Gott als Einzelner gewollt; er ist nicht dazu da, die Art zu erhalten. Er existiert um seiner selbst willen, er weiß um sich selbst und ist frei von jeder Verzweckung. Seinen Sinn trägt er in sich selbst. Er ist nicht ein Fall von Menschsein, ein Exemplar der Spezies Mensch, sondern als Bild Gottes einmalig, unableitbar und von unantastbarer Würde. Das ist in der christlichen Tradition mit dem Begriff Person gemeint. Der Mensch ist Subjekt und kann als solches auf kein Allgemeines, Übergeordnetes mehr zurückgeführt werden. Deshalb ist auch das Allgemeine, in dem am Ende alles aufgehoben ist, nicht die höchste Seinsweise, wie das griechische Philosophie dachte, sondern die Subjektivität nimmt den höchsten Rang des Seins ein. Unter dieser Perspektive wird die gesamte Wirklichkeit neu gesehen und gedacht. Der Mensch wird nicht mehr von der Welt her verstanden, sondern die Welt ist wesentlich die Welt des Menschen.

Diese Sonderstellung des Menschen findet ihren letzten und höchsten Ausdruck darin, daß er als moralisches Subjekt verstanden wird. Der Mensch ist in seinem Handeln nicht determiniert wie die untergeistige Natur, sondern frei. Thomas spricht davon, daß er an der göttlichen Vorsehung teilhat, indem er für sich selbst und alles andere vorsorgen und planen muß. Das aktive Teilnehmen am ewigen Gesetz Gottes nennt Thomas das Naturgesetz. Damit ist kein Katalog inhaltlicher Bestimmungen gemeint, die zu befolgen wären. Das Naturgesetz ist vielmehr,

wie Thomas formuliert, „nichts anderes als das uns von Gott eingestif-
tete Licht des Verstandes, durch das wir erkennen, was zu tun und was
zu meiden ist" (Opusculum in duo praecepta caritatis et in decem praecepta legis). Der Grundsatz der praktischen Vernunft lautet deshalb: Das
Gute ist zu tun, das Böse zu meiden.

Von diesem allen Einzeleinsichten vorausliegenden Prinzip der praktischen Vernunft sind dann alle weiteren Entscheidungen abzuleiten. Da
der Mensch jedoch ein endliches Wesen ist, muß grundsätzlich auch mit
einem unverschuldeten Irrtum gerechnet werden. In der Lehre vom Gewissen als der letzten subjektiven Instanz erfährt die Freiheit und damit
der Rang des Menschseins seine letzte Aufgipfelung. Daß auch das subjektiv irrende Gewissen absolut verpflichtend ist, stellt nur noch eine
logische Konsequenz dieses Gedankens dar. Der Mensch ist Herr seines
Handelns, und er darf nicht und von niemandem gezwungen werden. Die
Sittlichkeit einer Handlung resultiert deshalb nicht aus der Übereinstim-
mung mit einem Gebot oder einer Norm, sondern aus dem Verhältnis
von Einsicht und Wollen. „Jegliches Wollen", so Thomas von Aquin,
„das von der Vernunft abweicht, mag diese nun recht sein oder nicht, ist
immer schlecht" (Summa theologiae I/II q. 19, art. 5). Der Wille muß der
Einsicht folgen, auch in dem Wissen, daß diese sich in einem unüber-
windbaren Irrtum befinden kann. Selbst Gott kann den Menschen nicht
zwingen, gegen die eigene Überzeugung zu handeln, denn dadurch
würde er das Wesen des Menschen zerstören, den er so geschaffen hat,
daß er unablösbar an sein Gewissen gebunden ist (De veritate XVII 3).
Der Mensch kann und darf sich seine Entscheidung nicht abnehmen lassen; er kann aber auch seine Verantwortung vor Gott nicht abtreten.

Diese mit dem Menschen gegebene Befähigung zu verantwortlichem
sittlichem Handeln wird auch durch die Gnade nicht aufgehoben oder
ersetzt. Die Gnade ist der Natur des Menschen nicht fremd, sie ist keine
heteronome Größe. Sie ist der Geist Gottes als das Prinzip der Vollendung dessen, was Gott in der Schöpfung grundgelegt hat. So versteht
Thomas Natur und Gnade, Denken und Glauben in ihrer letzten von Gott
getragenen und im Menschen realisierten Einheit.

Wenn Thomas mit diesem unerbittlichen Nachdruck für die Autonomie der Vernunft und damit für die personale Würde des Menschen eintritt, dann wird damit nicht der Mensch in überheblicher Selbsteinschätzung gegen Gott gestellt, er sieht darin vielmehr die in der Schöpfung begründete und auch durch die Sünde nicht zerstörte (Summa theologiae I/II q. 85, art. 1) Voraussetzung dafür, daß Gott den Menschen zu dem ihm zugedachten Ziel führen kann. „Gott rechtfertigt uns nicht ohne uns" (Summa theologiae I/II q. 111, art. 2 ad 2). Dieser Kernsatz thomasischer Rechtfertigungslehre ist die theologische Begründung für die Notwendigkeit der Autonomie der menschlichen Vernunft.

Mit seinen tiefgreifenden Erörterungen über die Autonomie der theoretischen und der praktischen Vernunft hat Thomas fundamentale christliche Wahrheiten, die teils vergessen, teils noch nicht hinreichend durchdacht waren, in das christliche Bewußtsein gehoben. Gott spricht den Menschen immer als denkendes Wesen an. Deshalb ist es die Vernunft, mit der der Mensch sich zum Glauben entscheidet oder diesen versagt. Denkend nimmt er die Inhalte des Glaubens entgegen und bemüht sich, diese tiefer zu verstehen, auch wenn sie am Ende sein endliches Begreifen übersteigen. Und nur denkend ist es möglich, bei divergierenden Glaubensüberzeugungen die gemeinsame Basis wiederzugewinnen. Von der Vernunft geleitet, muß der Mensch sich bemühen, aus christlicher Verantwortung zu handeln und die Welt zu gestalten. Schließlich kann das Christentum seinen Auftrag, die Botschaft des Evangeliums in der Welt gegenwärtig zu setzen, nur wahrnehmen, wenn die Vernunft die Vermittlung übernimmt.

V.

Das Denken des Thomas von Aquin ist von zwei Bewegungen durchzogen. Der Erkenntnisweg der Theologie geht in der Offenbarung von Gott aus und steigt zur Schöpfung ab. Die Philosophie setzt bei der Schöpfung an und steigt auf bis zur Erkenntnis Gottes (Summa contra Gentiles IV 1). Beide gehen aufeinander zu. Da aber das Wissen um die Existenz Gottes dem Glauben vorausgeht (De Veritate X 12 ad 5, in contrarium), kommt bei Thomas der natürlichen Gotteserkenntnis grundlegende Bedeutung zu.

Berühmt sind die Quinque viae, die fünf Wege, auf denen das Denken zu Gott gelangen kann (Summa theologiae I q. 2, art. 3). Ihnen allen liegt eine gemeinsame Struktur zugrunde. Sie gehen von der Erfahrung aus, die uns belehrt, daß alles, was ist, vergänglich ist, daß es einen Anfang und ein Ende hat. Weil es aber tatsächlich ist, muß es eine Ursache haben, andernfalls wäre es eben nicht. Mit einer noch so langen Reihe von endlichen Ursachen läßt sich jedoch die Tatsache, daß überhaupt etwas existiert, nicht erklären. Vermittelt durch das metaphysische Kausalitätsprinzip, führt dieser Gedankengang schließlich über den Bereich der Erfahrung hinaus und verweist auf jenen absoluten Grund, der Ursache für alles, selbst aber nicht mehr verursacht ist. Dieses letzte und höchste Prinzip, so beendet Thomas jeden der fünf Wege, nennen alle Gott.

Diese kurze Skizze des Grundgedankens zeigt schon, daß es nicht zutreffend ist, von Gottesbeweisen im strengen Sinne zu sprechen, wie das gemeinhin geschieht. Darin verbirgt sich ein Mißverständnis, vor dem man warnen muß. Gott darf in dieser Überlegung nicht als die erste in einer Reihe von gleichrangigen Ursachen gedacht werden. Er verhält sich zur Welt nicht, wie verschiedene Dinge innerhalb der Welt sich zueinander verhalten. Gott ist vielmehr das singuläre und mit nichts zu vergleichende Prinzip dafür, daß es überhaupt Ursachen gibt und daß etwas existiert. Dieses Prinzip ist menschlichem Begreifen grundsätzlich entzogen; der geschaffene und endliche Intellekt kann den Schöpfer nicht begreifen. Gottes Wirklichkeit liegt also nicht zufällig, sondern grundsätzlich jenseits des begreifenden Denkens. Deshalb kann der Mensch nach Thomas von Gott nie wissen, was er ist; er kennt das Wesen Gottes nicht. Er kann von Gott immer nur sagen, was er nicht ist. Damit steht Thomas in der großen Tradition der sogenannten negativen Theologie. Alle Wege zu Gott führen am Ende zu jener Grenze, an der dem Menschen nur noch eines bleibt, nämlich zu begreifen, daß Gott unbegreiflich ist. Darin liegt der Grund, weshalb diese Aufweise Gottes nicht zwingen, sondern freie, aber rational verantwortbare Entscheidung fordern und ermöglichen.

Ob die von Thomas gewählten Wege für uns heute noch gangbar sind, oder ob wir andere suchen müssen, sei dahingestellt. Die Frage nach dem Geheimnis Gottes bleibt davon unberührt, denn sie ist mit dem Menschen selbst gegeben.

Thomas von Aquin war zweifellos ein Denker des Glaubens, der Geschichte machte. Manches war zeitbedingt, vieles wurde im Laufe der Geschichte durch Formalisierungen und Nivellierungen verdeckt. „Aber", so formulierte es der Religionsphilosoph Bernhard Welte, „es blieben die größten und stillsten seiner Gedanken wie Gestirne am Himmel stehen. Sie können nachdenklichen Menschen mehr als je Anlaß geben, sich zu besinnen auf das Menschliche des Menschen und auf das Göttliche Gottes und auf die freie und lebendige Synthese beider, die Thomas gedacht und in einem großen Programm entworfen hat" (B. Welte, Zeit und Geheimnis, Freiburg 1975, S. 201).

Michael Schmaus (1897–1993) –
Die Wiederentdeckung des Personalen
als christliche Grundkategorie

Am 17. Juli des Jahres 1997 wäre Michael Schmaus, einer der großen und bahnbrechenden Theologen unseres Jahrhunderts, einhundert Jahre alt geworden. Obwohl er erst im 97. Lebensjahr verstarb, ist der Kreis derer, die ihn noch persönlich kannten, schon relativ klein geworden. Die lebendige Erinnerung an diese souveräne Persönlichkeit, an den kompetenten Wissenschaftler und unermüdlichen Forscher, an den undogmatischen Dogmatiker und faszinierenden akademischen Lehrer, aber auch an den Priester, der zeitlebens der Seelsorge verbunden blieb und dem am Ende der Mensch immer wichtiger war als eine abstrakte Wahrheit, solche lebendige Erinnerung wird mehr und mehr verblassen. Denn Worte können nicht ersetzen, was allein in der unmittelbaren Begegnung mit einem Menschen erfahren werden kann. Wer dieses Glück nicht hatte, ist darauf verwiesen, in dem umfangreichen Werk das wissenschaftliche und menschliche Profil von Michael Schmaus zu entdecken. Nach diesem Werk, nach dem, was nicht an die äußeren Grenzen eines noch so reichen menschlichen Lebens gebunden ist, was sich als Ertrag eines langen wissenschaftlichen Lebens objektivieren und deshalb vermitteln läßt, soll in diesem Gedenken gefragt werden (vgl. zum Ganzen: Richard Heinzmann, Die Identität des Christentums im Umbruch des 20. Jahrhunderts. Michael Schmaus zum 90. Geburtstag; in: Münchener Theologische Zeitschrift 38 (1987) 115–130).

I.

Der hermeneutische Zugang zu einem derart umfangreichen Opus, wie das von Schmaus es ist, läßt sich am ehesten dadurch finden, daß man zunächst nicht nach Einzelthemen fragt, so interessant das natürlich wäre, sondern das Prinzip zu entdecken versucht, aus dem das ganze Werk hervorgegangen ist. Mit dem Thema seines Festvortrages anläßlich der Übernahme des Rektorats der Universität München im Jahre 1951 hat Schmaus das sein theologisches Interesse leitende Grundanliegen auf den Begriff gebracht: ‚Beharrung und Fortschritt im Christentum.' Dieser Gedanke und diese Frage durchzieht als Appell und Vermächtnis sein Leben und Denken. Die historische Rückbindung und der systematisch-eschatologische Ausgriff stehen in seiner Theologie in einer lebendigen und ausgewogenen Spannung, die nie der Gefahr unterliegt, in den einen oder anderen Pol hinein aufgehoben zu werden und dadurch die Identität des Christentums in Frage zu stellen oder gar aufzugeben.

Schmaus begann seine wissenschaftliche Laufbahn in München als Schüler von Martin Grabmann, dem berühmten Erforscher der Theologie und Philosophie des Mittelalters, dem er im Jahre 1954 mit der Gründung des Grabmann-Instituts zur Erforschung der Theologie und Philosophie des Mittelalters an der Universität München ein Denkmal setzte. Im Jahre 1924 promovierte er mit einer grundlegenden Untersuchung über ‚Die psychologische Trinitätslehre des heiligen Augustinus', eine Untersuchung, die heute noch als Standardwerk gilt. Die Habilitationsschrift hatte Thomas von Aquin und Johannes Duns Scotus, die beiden herausragenden Denkergestalten des Dominikaner- und Franziskanerordens im 13. und zu Beginn des 14. Jahrhunderts, zum Gegenstand. Darüber hinaus hat Schmaus im Laufe seines Lebens zahlreiche, häufig auf ungedruckte Quellen zurückgreifende wissenschaftliche Beiträge von der Väterzeit bis ins hohe Mittelalter vorgelegt. So interessant die dabei erzielten Forschungsergebnisse auch waren und sind, er hat die Geschichte nie um ihrer selbst willen untersucht; die historische Dimension seiner wissenschaftlichen Arbeit blieb frei von jedem Positivismus. Es ging ihm nie um den Buchstaben, sondern immer um den Geist und das lebendige Zeugnis der Offenbarung in den verschiedenen geschichtlichen Ausdrucksgestalten. Bei diesen Untersuchungen hat Schmaus von Anfang an ein waches Gespür und einen scharfen Blick für die Zeitbedingtheit und damit die Relativität theologischer Aussagen entwickelt. Der Unterscheidung zwischen Geschichtlich-Bedingtem und Bleibend-Gültigem, dieser grundlegenden und unverzichtbaren Differenz, galt lebenslang seine besondere Aufmerksamkeit. Negativ besagt das, daß jede theologische Aussage nur aus dem jeweiligen denkerischen Horizont ihrer Zeit heraus verstehbar ist, und daß die Denkform nie an der Verbindlichkeit des Denkinhaltes Teil hat. Das gilt für die Schrift ebenso wie für lehramtliche Entscheidungen. Positiv heißt das, daß jede Zeit eben in ihrer Sprache von der Offenbarung und ihrer Wahrheit reden muß, wenn sie ihrem theologischen Auftrag gerecht werden will. Diesem Auftrag wußte sich Schmaus stets verpflichtet. Trotz seiner profunden Kenntnis der Theologie- und Dogmengeschichte bestand bei ihm nie die Gefahr, durch die Summe der Theologie der Vergangenheit eine Theologie der Gegenwart ersetzen zu wollen.

Damit kommt der andere Pol seiner Theologie in den Blick: der systematische Ausgriff und damit verbunden die Dimension des Fortschritts. Dieser Aspekt erwuchs aus seiner Tätigkeit als akademischer Lehrer. Beginnend mit einem Lehrauftrag an der Philosophisch-theologischen Hochschule in Freising 1925, führte ihn sein Weg über Prag nach Münster und schließlich 1946 zurück nach München, um im Auftrag der Bayerischen Staatsregierung und von Kardinal Michael Faulhaber die von den Nationalsozialisten 1939 geschlossene Theologische Fakultät neu aufzubauen.

Seine Erfahrungen als Professor der Dogmatik machten ihm früh und nachdrücklich bewußt, daß die Neuscholastische Theologie seiner eigenen Zeit die Menschen in jenen schweren Jahren nicht mehr erreichte. Damit war für Schmaus klar: Die Theologie mußte nicht nur in eine verstehbare Sprache, sondern vor allem auch in ein modernes Denken übersetzt werden. Denn auch das gehörte zu den Grundsätzen Schmaus'scher Theologie: „Jede Dogmatik hat", so schreibt er 1983 im Rückblick, „Verkündigungsdogmatik zu sein. Es ist Unsinn, von einer Glaubenswahrheit zu sagen, sie hat auch Verkündigungswert. Wenn sie nicht immer Verkündigungswert hat, soll man sie doch weglassen. Gott ist nicht Mensch geworden, damit wir unsere Bücherschränke mit philosophisch-theologischen Werken ausfüllen, sondern propter nos homines, um des Menschen willen. Und Theologie geht einfach in die Irre, wenn sie dieses Prinzip verachtet. Dogmatik muß so sein, daß der Mensch auch spürt: hier geht es um sein Heil" (in: Christ und Welt, 26. August 1983, 24).

Aus solchen Überlegungen heraus reifte in Schmaus der Plan, auch den systematischen Ausgriff und damit – neben dem historischen Rückgriff – die andere für christliche Theologie konstitutive Dimension zu wagen. Wiederum von seinem Lehrer Grabmann ermutigt, legte er, beginnend mit dem Jahre 1937, seine ‚Katholische Dogmatik' als kritisch fundiertes Lehrbuch vor. Es war in der Geschichte der katholischen Theologie das erste dogmatische Lehrbuch, das durchgehend in verstehbarer deutscher Sprache und nicht in einem für einen Nichtfachmann unverstehbaren Ineinander von Latein und Deutsch geschrieben war. Schmaus suchte die Einfachheit, ohne zu vereinfachen. Sein Bemühen, verstanden zu werden, ging aber über die Sprache hinaus und führte zu einem Wandel in der Denkform, indem die Theologie als Ganze von einem neuen, inzwischen gewandelten philosophischen Horizont her entworfen wurde. Unter dem Einfluß des griechischen Seinsdenkens, vermittelt durch die mittelalterliche Scholastik, war die sogenannte Neuscholastische Theologie auf das Allgemeine, das Sachhaft-Dingliche bezogen. Gefragt wurde in erster Linie nach dem, was etwas ist, nach dem Wesen und der Wahrheit an sich. Der Aspekt der Funktion, des Tuns und der Bedeutung für den Menschen fehlte nahezu ganz. So wurde die traditionelle Dogmatik vornehmlich als Begriffs- und Wesenstheologie betrieben. Man fragte, was Gott ist, was Jesus Christus, was der Mensch, was die Gnade; was die Sakramente sind usw. Es war die Fragestellung der griechischen Philosophie, in deren Horizont die christlichen Inhalte gedacht wurden.

An dieser Stelle nun und in diesem Zusammenhang zeichnen sich die epochale und bahnbrechende Leistung und darin die herausragende Bedeutung von Michael Schmaus ab. In seinem Bemühen, von den Menschen seiner Zeit verstanden zu werden, erkannte er, daß die Theologie nur dadurch im guten Sinne zeitgemäß werden konnte, daß sie den im profan-philosophischen Bereich längst gewandelten Verstehenshorizont als Voraussetzung für ihr Nachdenken über den Glauben übernahm. Mit den Stichworten Existentialphilosophie und Personalismus läßt sich dieser Denk- und Erfahrungshorizont andeutend benennen. Darin konzentriert sich wie in einem Prinzip, aus dem alles andere hervorgeht, der Rang der Schmaus'schen Theologie: Das sachhaft-dingliche Denken wurde von ihm von der Grundkategorie der personalen Relation abgelöst. Seine Dogmatik ist der erste Versuch in der abendländischen Theologiegeschichte, die gesamte Theologie von der Ich-Du-Beziehung her neu zu durchdenken. Der heilsgeschichtliche Ansatz, verbunden mit der Zuordnung zum Menschen, ist das Charakteristische solcher Theologie. Dadurch hat sie eine nahe Verwandtschaft mit der Art und Weise, wie die Schrift selbst die göttliche Offenbarung bezeugt. Es versteht sich deshalb von selbst, daß der Schriftbeweis von Schmaus, mehr als bisher in der Dogmatik üblich, mitcinbezogen wird. Besondere Erwähnung verdient jedoch die Tatsache, daß er zunehmend die historisch-kritische Exegese und ihre Ergebnisse in die theologische Systematik integrierte und dadurch die dem Ganzen der Theologie abträgliche Polarisierung von Exegese und Dogmatik in ein fruchtbares Spannungsverhältnis brachte. In diesem mehr an der Kategorie der personalen Relation orientierten Denken geht es dann nicht um Gott an sich, sondern um Gott für uns, nicht um den Gott der Natur, sondern um den Gott der Geschichte. Von diesem Ansatz her lassen sich die einzelnen Glaubenswahrheiten in ihrem unmittelbaren Bezug zum Leben und zu der Wirklichkeit dieser Welt aufweisen. Um das leisten zu können, hat Schmaus schon früh die fundamentale theologische Einsicht in die Tat umgesetzt, daß man bisweilen den Wortlaut der Schrift und des Dogmas verlassen muß, um bei der Sache der Schrift und des Dogmas bleiben zu können. Er wurde dabei von dem theologischen Prinzip geleitet, das er später so formulierte: „Wenn die Theologie der heutigen Situation gerecht werden will, muß sie die hierfür entscheidenden Gesichtspunkte beachten. Sie muß dies allerdings nicht deshalb tun, weil es opportun ist, sondern weil es ihrem Wesen entspricht, daß sie den Menschen erreicht, in welcher geschichtlichen Verfassung dieser immer ist. Die Theologie soll anthropologisch sein, ohne in der Anthropologie aufzugehen" (Der Glaube der Kirche, 2. Aufl., Bd. I, 1, 1).

Zu den Konsequenzen dieses epochalen Wandels zählt auch eine Akzentverlagerung im Verständnis dessen, wie Offenbarung und Glaube verstanden werden. Auch hier tritt der personale Aspekt in den Vordergrund. Es wird dabei deutlich, „daß", so Schmaus, „die Offenbarung nicht etwa erstlich eine Mitteilung von Inhalten ist nach der Art, wie Menschen einander Informationen geben, sondern daß sie ein Ruf ist, durch welchen der Mensch in seiner menschlichen Mitte getroffen werden soll und eben aus der bloßen Hoffnung auf das eigene Selbst herausgerufen und in die Freiheit geführt werden soll, in die Freiheit, welche bedingt ist durch die Freiheit Gottes" (Der Glaube der Kirche. 2. Aufl. Bd. I, 1, 12).

Entsprechend bedeutet glauben nicht primär ein Fürwahrhalten von Sätzen, sondern die personale Antwort des Menschen auf den Anruf Gottes. Damit gewinnt das subjektive Moment im Glaubensakt das ihm zukommende Gewicht. Insbesondere für das Verständnis der Sakramente hat das zur Konsequenz, daß die Glaubensentscheidung des Empfängers in ihrer für das Zustandekommen eines Sakraments unverzichtbaren Funktion viel klarer zum Ausdruck kommt und ins Bewußtsein tritt. Diese Überlegungen führten Schmaus zu der Einsicht, „daß die göttliche Offenbarung stets eine Synthese von göttlicher Initiative und menschlicher Antwort ist. Eine Offenbarung, welche nicht die Antwort des Menschen hervorrufen würde, wäre ein göttlicher Ruf in den leeren Raum. Sie wäre also widersinnig und daher widergöttlich. ... Wenn die göttliche Selbsterschließung ihre Integration in der menschlichen Antwort, sei es in der negativen, sei es in der positiven, erfährt, bedeutet jede göttliche Offenbarung gewissermaßen eine Inkarnation in menschliche Worte und Bilder, und zwar jeweils in zeitgebundene, naturbestimmte, ja politisch geprägte Bilder und Worte, die der betreffenden individuellen und kollektiven geschichtlichen Stufe entsprechen. Dies hat zur Folge, daß der göttliche Offenbarungsinhalt trotz seiner inhaltlichen Unwandelbarkeit auch in andere Worte oder Bilder übersetzt werden kann und muß, nicht derart, daß er bloß in eine andere Grammatik und in ein anderes Vokabular übertragen wird, sondern in andere Denkweisen und Denkformen. So kann z.B. die im nahen Orient gewährte göttliche Offenbarung auch in die Denkweise Europas oder in die Denkformen Indiens oder Chinas umgesetzt werden. Die göttliche Offenbarung ist an kein Weltbild unlöslich gebunden. Jedes Weltbild kann als Ausdrucksgestalt dessen, was Gott in seiner Selbstmitteilung eröffnet hat, verwendet werden" (Der Glaube der Kirche. Zweite, wesentlich veränderte Auflage, St. Ottilien, 1979–82, Bd. I, 1, 5).

Daß Schmaus mit diesem neuen, existential-existentiellen theologischen Ansatz nicht nur Begeisterung und Zustimmung auslöste, ist verständ-

lich. Die Tatsache, daß schon der erste Band seiner Dogmatik nur durch
Intervention von Martin Grabmann bei Papst Pius XII. vor der Indizie-
rung bewahrt wurde, was das Ende der wissenschaftlichen Laufbahn von
Schmaus bedeutet hätte, bringt uns heute noch zu Bewußtsein, daß es
nicht nur einer hohen theologischen Kompetenz, sondern auch eines
nicht geringen Mutes bedurfte, einen solchen Wendepunkt in der Geschichte der Theologie zu setzen.

Daß es sich bei der Katholischen Dogmatik von Schmaus nicht um eine
fragwürdige Modernität, sondern um einen echten, vom Gang der Geschichte geforderten Fortschritt der Theologie handelte, haben die Jahre
danach erwiesen. In vielfachen Brechungen hat sein theologisches Denken auf den verschiedensten Gebieten großen Einfluß auf das Zweite
Vatikanische Konzil ausgeübt. Schmaus nahm als Konsultor an den vor-
bereitenden Kommissionen und als Peritus am Konzil selbst teil. Umgekehrt hat der Geist dieses Konzils auf Schmaus zurückgewirkt und in
ihm einen Neuentwurf einer Dogmatik reifen lassen. Während einer
dreisemestrigen Gastprofessur in den USA, womit Schmaus im Jahre
1966 seinen Ruhestand begann – auch das ist für ihn charakteristisch –,
schrieb er diese zweite Dogmatik, die zuerst englisch und dann unter
dem Titel ‚Der Glaube der Kirche‘ deutsch erschien. In den Jahren
1979–82 legte er eine wesentlich veränderte und erweiterte zweite Auflage dieses Werkes vor.

III.

Der personal-existentielle Ansatz seiner Theologie führte schließlich zu
einem neuen Gesamtaufriß einer Dogmatik. In der nach dem Konzil ver-
faßten Dogmatik mit dem Titel ‚Der Glaube der Kirche‘ wird das Ganze
der Theologie streng christozentrisch konzipiert, unter Abweichung des
seit dem Mittelalter üblichen Aufbaus der dogmatischen Lehrbücher.
Damit wurde der existentielle Theologiebegriff zum äußeren und inneren
Strukturprinzip, wodurch sich neue und bisweilen andere Perspektiven
auf die Einzelprobleme eröffneten. Das Zweite Vaticanum spricht in
diesem Zusammenhang von der Hierarchie der Wahrheiten. Jede Aussage hat ihren Ort im Ganzen des Glaubens, und die richtige Zuordnung

zum Ganzen und zum Zentrum des Glaubens gehört mit zu ihrer Wahrheit. „Ohne eine solche theologische Ortsbestimmung", so Schmaus, „könnte es passieren, daß eine theologische Randwahrheit zur Hauptsache hochgespielt und eine Grundwahrheit zur Nebensache degradiert wird" (a.a.O. Bd. VI, 1, 13). Die Mißachtung dieser fundamentalen Einsicht ist Anlaß für vielfältige Fehlinterpretationen und dadurch für eine ständige Gefährdung der Glaubwürdigkeit des Christentums. Gerade daran war aber Schmaus besonders gelegen, da er der Überzeugung war, daß das Christentum mit dem Zweiten Vaticanum in der Tat in die Dimension der Weltkirche eintritt.

Da Welt und Menschheit in einem welt- und heilsgeschichtlichen Prozeß, in den auch die nichtchristlichen Religionen integriert sind, von Gott her und auf Gott hin verstanden werden, wird die Öffnung der Kirche zur Welt von Schmaus mit besonderem Nachdruck herausgearbeitet. Das Gespräch mit den Naturwissenschaften sowie die Begegnung mit den weltlichen Ordnungen, insbesondere der Politik, spielen daher eine große Rolle. Es „besteht", so schreibt Schmaus, „in der Tat kein notwendiger Gegensatz zwischen dem Christentum und der heutigen Welt. Der christliche Glaube setzt nichts außer Kraft, was Wissenschaft und Technik an menschlicher Bildung und Kultur, Weltgestaltung und Zukunftshoffnung in sich bergen. Es ist nicht sinnlos, zu diskutieren, ob das menschliche Anliegen des philosophischen Marxismus zu dem Christentum in unversöhnlichem Gegensatz steht oder nicht vielmehr innerhalb seiner verwirklicht werden kann, soweit es um seine echten Anliegen geht, und zwar als gesellschaftliche und wirtschaftliche Ordnung in einem übergreifenden Sinne, in einem übergreifenden Ganzen. Der Glaube setzt weder der Wissenschaft noch der menschenwürdigen Weltformung eine Grenze" (Der Glaube der Kirche, 2. Aufl. Bd. I, 2, 36f).

Ein besonderes Charakteristikum der Theologie von Schmaus ist ihre ökumenische Grundeinstellung. Die Ökumene war für ihn von Anfang an ein zentrales Anliegen. Das Streben nach der Einheit begleitete die Behandlung nahezu jeder theologischen Frage. Mit großer Genugtuung stellte Schmaus fest, daß die intensive und mit großem Verantwortungsbewußtsein geleistete ökumenisch-theologische Arbeit der letzten Jahrzehnte zu der Erkenntnis geführt hat, daß es in vielen und wichtigen Fragen keine Unterschiede oder Gegensätze gibt, die, wie man bislang meinte, eine Kirchentrennung rechtfertigen oder gar erzwingen würden. „Die noch verbleibenden Differenzen", so das Urteil von Schmaus, „sind von der Art, daß sie im Angesicht des heutigen weltweiten Atheismus und der ungezählten Anfeindungen des Christentums in den Hintergrund treten und vom Gemeinsamen überdeckt werden oder vielmehr in ihm aufgehoben erscheinen. Die heutige Diskussion zeigt, wieviele Mißverständnisse und Emotionen in der Entstehung der kirchlichen Gegensätze Mauern aufgebaut haben, die nicht nur überflüssig sind, sondern dem Gesamtchristentum schweren Schaden zugefügt haben" (a.a.O. Bd. IV, 1, 1). Die Überwindung der Glaubensspaltung muß nach der Überzeugung von Schmaus eine vorrangige Aufgabe jeder Theologie sein.

Die universale Weite, sein ungebrochener Heilsoptimismus und die Ablehnung eines partikulär-elitären Erwählungsdenkens zeigen sich in der Theologie von Schmaus nicht zuletzt in der nachdrücklichen, positiven Würdigung der Heilshaftigkeit der nichtchristlichen Kirchen und kirchlichen Gemeinschaften, der Naturreligionen ebenso wie der Hochreligionen.

IV.

Länger als ein halbes Jahrhundert hat Michael Schmaus auf allen Ebenen aktiv am theologischen Gespräch teilgenommen, gestaltend und entscheidend den Gang der Theologie mitgetragen. Durch Übersetzungen seiner Werke in viele Sprachen, durch seine zahlreichen Vortragsreisen, die bis nach Japan führten, hat er weit über den deutschen Sprachraum hinaus unzählige Menschen angesprochen und die Offenbarung interpretiert als einen Ruf, durch welchen der Mensch in die Freiheit geführt werden soll, welche in der Freiheit Gottes gründet. Er hat dadurch entscheidend dazu beigetragen, Theologie und Kirche aus dem Ghetto und der Isolierung herauszuführen. Umso verständlicher ist es, daß er äußerst kritisch den verschiedenen, immer mehr um sich greifenden Tendenzen und Anzeichen gegenüber stand, die Anlaß zur Sorge geben, die Kirche könnte sich dem Aufbruch des Konzils zunehmend wieder verschließen und erneut in eine Klerikerkirche zurückfallen. Schmaus hat nicht alle

Entwicklungen, die sich auf das Konzil beriefen, vorbehaltlos und unkritisch gut geheißen. Den grundsätzlichen postkonziliaren Pessimismus vieler Amtsträger und Theologen hat er aber nie geteilt. Ganz im Gegenteil, mit äußerster Entschiedenheit wies er alle Versuche zurück, und zwar gleich auf welcher Ebene kirchlicher Rangordnung, das Zweite Vaticanum offen oder verdeckt zu unterlaufen und so faktisch ganz oder in einzelnen Teilen zurückzunehmen.

Michael Schmaus verfügte in hohem Maße über die Gabe des gesprochenen und geschriebenen Wortes. Er hat ein umfangreiches Werk hinterlassen. Gleichwohl hat er gewußt, daß dem Menschen die Antwort auf viele Fragen versagt bleibt, daß sich manches Warum im Dunkel des absoluten Geheimnisses verliert. Daß er solche Spannungen und Aporien stehen ließ, macht auch den Rang seiner Theologie aus.

Damit kommt die eschatologische Dimension seines Denkens in den Blick. Hat der Mensch, hat das Ganze der Welt überhaupt einen Sinn? Das ist die alles entscheidende Frage. Die Aufgabe der Theologie sieht Schmaus letztlich darin, auf diese Frage eine Antwort zu geben. Da ohne Gott weder die Welt noch der einzelne Mensch in ihrem Woher und Wohin verstanden werden können, schloß Schmaus seine theologische Arbeit mit dem Satz: „Nur der Glaube an den dreieinigen Gott schenkt die Zuversicht, daß unser Leben von einem letzten Sinn getragen wird: er heißt Ankunft bei Gott dem Vater" (a.a.O. Bd. VI, 2, 349). Der Weg, der zu diesem Ziel führt, ist nach der Überzeugung von Schmaus, ein diesem Glauben gemäßes Handeln, und zwar auf allen Gebieten des individuellen und sozialen Lebens.

Michael Schmaus hat seinen Namen in die Geschichte der Theologie und Kirche unseres Jahrhunderts eingeschrieben. Er kannte die Geschichte der Theologie und wußte deshalb auch als Dogmatiker um die Geschichtlichkeit der Theologie, auch seiner eigenen. Aber sein Denken ist nicht nur Vergangenheit, auch an seinem 100. Geburtstag kann er noch unmittelbare Aktualität beanspruchen.

Eugen Biser (*1918) –
Vom System zur Lebenswirklichkeit

„Ein Begriff hier weg, eine einzige Realität an dessen Stelle – und das ganze Christentum rollt ins Nichts." In diesem Satz aus dem ‚Antichrist', die Schrift trägt den Untertitel ‚Fluch auf das Christentum' (Kritische Studienausgabe Bd. 6, S. 212, Nr. 39), verdichtet sich die radikal destruktive Kritik von Friedrich Nietzsche (1844–1900) am Christentum. Im Laufe der Geschichte sei, nicht zuletzt unter dem Einfluß platonisch-idealistischer Philosophie, nach und nach die christliche Wirklichkeit verschwunden; an ihre Stelle sei eine Lehre, ein bald mehr bald weniger geschlossenes System von Begriffen und dogmatischen Fiktionen getreten. Das besondere Gewicht dieses Vorwurfs liegt darin, daß er sich nicht gegen irgendeinen Gegenstand des christlichen Glaubens richtet, er hat das Christentum schlechthin zum Ziel. In solcher Ausschließlichkeit war und ist dieser Vorwurf gewiß überzogen, man kann ihn aber nicht nur als böswillige Karikierung und haßerfüllte Verleumdung abtun. Noch heute hat er ein nicht zu unterschätzendes Maß an Berechtigung.

I.

Wie kein anderer Theologe hat Eugen Biser die darin gelegene Herausforderung aufgegriffen. Sein immenses philosophisch-theologisches Werk konvergiert – bei aller thematischen Vielfalt – letztlich in dem Bemühen, das Christentum von einem abstrakten und geschlossenen Lehrsystem zur konkreten Wirklichkeit und so zu seiner eigenen Identität zurückzuführen sowie dadurch den zentralen Angriff Nietzsches und der Religionskritik insgesamt ins Leere laufen zu lassen. In diesem Prozeß einer theologischen Neu- und Rückbesinnung sieht Biser – und das ist außerordentlich wichtig – in Nietzsche weniger den Gegner, den es einfach zu widerlegen gilt, als vielmehr den Dialogpartner, von dem er sich selbst als Christ in Frage stellen läßt (hierzu: Gott ist tot. Nietzsches Destruktion des christlichen Bewußtseins, München 1962), von dessen

Einspruch her er Christsein neu zu verstehen und auszulegen sich bemüht.

Die Realität, von der Nietzsche behauptet und hofft, daß sie das erstarrte christliche System weltverneinender Jenseitigkeit und Ideologie zum Einsturz bringt, wird an der zitierten Stelle nicht genauer benannt, sie bleibt ambivalent. Letztlich zielt sie aber wohl beides an, die Lebenswirklichkeit des konkreten Menschen ebenso wie die Gestalt Jesu – nach der Überzeugung von Nietzsche des einzigen Christen, den es je gab.

An diesen beiden Realitäten setzen Philosophie und Theologie von Eugen Biser ein. Der konkrete, unter Lebensangst leidende Mensch in seiner säkularen Welt und die Lebensleistung Jesu mit der Verkündigung des bedingungslos liebenden Gottes nehmen in seinem Denken die Funktion der Brennpunkte einer Ellipse ein, auf die sich alles bezieht und die untereinander unaufhebbar verbunden sind.

In diesem Ansatz liegt nicht nur der hermeneutische Zugang zum Werk Eugen Bisers, sondern darüber hinaus eine das Ganze prägende Vorentscheidung. Biser denkt nicht im Horizont griechischer Philosophie mit der alles dominierenden Frage nach dem Wesen, nach dem Allgemeinen und den unveränderlichen Strukturen. Er fragt nicht nach dem Wesen des Christentums, sondern nach dem, was für christliche Wirklichkeit oder, genauer, für wirkliches Christsein wesentlich ist. Damit kommen die genuin jüdisch-christlichen Grundkategorien von Subjektivität und Personalität in den Blick, die allein geeignet sind, dem Einzelnen in seiner geschichtlichen Existenz gerecht zu werden.

Auf diesem Hintergrund ist Biser als Existentialphilosoph und konkreter Theologe ein Denker des Christentums in doppeltem Sinne: Auf der Suche nach dessen Identität bemüht er sich nicht nur, Christsein neu zu verstehen und zu deuten, er tut das darüber hinaus in der spezifisch christlichen Denkform, in der nicht dem Allgemeinen, sondern der Singularität und Würde der Person der höchste Rang zukommt. Von Anfang an und durchgehend denkt Biser heilsgeschichtlich; noch nicht einmal die Frage nach Gott geht er rein philosophisch an.

Unter dieser Perspektive führt die Analyse menschlicher Existenz zu einer anderen und neuen Sicht. Nicht der Mensch als solcher, sondern der Mensch in seiner konkreten geschichtlichen Situation, in der die Frage nach dem eigenen Sinn und damit nach dem Sinn des Ganzen unbeantwortet bleibt, ist Gegenstand der Daseinsanalyse seiner ‚Modalanthropologie' (Der Mensch – das uneingelöste Versprechen. Entwurf einer Modalanthropologie, Düsseldorf 1995), die primär nach dem „Wo" des Menschen fragt, „nach seinem Aufenthalt, seinem Zuhause, dem Ort seiner Geborgenheit und Beheimatung" (Ist der Mensch, was er sein kann? Eine anthropologische Reflexion, in: Stimmen der Zeit 5 (1981) 292). Die „Unmöglichkeit des Menschseins heute" (Menschsein in Anfechtung und Widerspruch, Düsseldorf 1980, S. 11ff) ist der methodische Leitgedanke.

Daß die Existenzanalyse so breiten Raum einnimmt, ist im Ansatz seiner Theologie begründet. Der Mensch ist der Adressat der Offenbarung, und deshalb führt der Weg zum rechten Verstehen der Selbsterschließung Gottes in Jesus über ein angemessenes Verständnis des Menschen. Der Adressat wird geradezu zum Schlüssel der Botschaft. Ohne daß Theologie zur Anthropologie verkürzt würde, gewinnt dadurch die empirische Dimension und damit die Realität an Bedeutung. Auch systematische Theologie kann nicht unter Ausblendung der Erfahrung und damit der konkreten, geschichtlichen Wirklichkeit nur deduktiv betrieben werden, wie das bis zum Zweiten Vatikanischen Konzil überwiegend der Fall war. Der aposteriorisch-induktive Weg ist für christliche Theologie konstitutiv – eine Einsicht von größter Tragweite. In der Verkennung des Adressaten, in einem falschen, essentialistischen Menschenbild also, sieht Biser deshalb eine der gravierenden Verstörungen des heutigen Christentums.

Wenn es in der je eigenen Existenz keinen Anknüpfungspunkt gibt, bleibt jedes Wort, auch das Wort Gottes, äußerlich und verschlossen, es erreicht den Adressaten nicht. Der grundlegenden Einheit von Offenbarungstheologie und Anthropologie gilt deshalb die besondere Aufmerksamkeit der Hermeneutik von Eugen Biser. Daseinsanalyse und Verstehen von Offenbarung greifen ineinander. Die Motivation zu glauben hat ihren letzten Grund in der gebrochenen Existenz des Menschen und der darin aufbrechenden Frage nach dem Sinn, die in die Frage nach Gott einmündet. Offenbarung kann dann nur als helfende Antwort, als Sinnmitteilung Gottes, der sich selbst zu verstehen gibt, interpretiert werden. Ein solcher Zuspruch kann aber nicht als System von Wahrheiten, als ‚depositum fidei‘, wie eine Nachricht vermittelt werden, er ereignet sich allein in der Erfahrung der Evidenz der Glaubwürdigkeit.

Aus dieser Grundstruktur des Glaubens wird einsichtig, daß Eugen Biser das Christentum mit Nachdruck als mystische Religion, im Sinne innerer Erfahrung, qualifiziert. Im Gegensatz zu der tatsächlichen moralischen Kopflastigkeit in der derzeitigen Selbstdarstellung der Kirche ist das Christentum, obwohl es eine moralische Mission hat, nicht als ursprünglich moralische Religion zu verstehen. Es geht ihm letztlich „nicht um die Erziehung des Menschen, sondern um seine Erhebung zum Rang der Gotteskindschaft". Von seiner Mitte her ist das Christentum „eine mystische, auf die Lebensgemeinschaft mit dem Stifter gegründete und von seinem Fortleben in der Glaubensgemeinschaft bewegte Religion" (An der Schwelle zum dritten Jahrtausend – wird dem Christentum der Einzug gelingen? Katholische Akademie Hamburg, 1996, S. 18). Ein anderes Unterscheidungskriterium hängt damit unmittelbar zusammen, die therapeutische Funktion des Glaubens, die Heilung des durch seine Todverfallenheit im Innersten bedrohten Menschen durch die im Glauben entgegenzunehmende Sinnzusage.

Den bleibenden Realitätsbezug garantiert schließlich die Tatsache, daß das Christentum keine primäre Schriftreligion ist. Alle Texte, auch die normativen, können und müssen immer wieder neu auf jene Wirklichkeit und Mitte hin gelesen und interpretiert werden, wovon sie Zeugnis geben. Weil das Neue Testament unter dem äußeren Druck der verlorenen Gleichzeitigkeit und der räumlichen Ausbreitung des Urchristentums entstanden ist, besteht diesen „Schriften gegenüber eine Freiheit, die so im Fall eines göttlichen Diktats undenkbar wäre. Es ist die Freiheit zum interpretierenden Umgang mit ihnen, wenn nicht sogar zu ihrer Umgestaltung und Neufassung, jedenfalls aber jene Freiheit, aus der die christliche Theologie hervorgegangen ist und lebt" (a.a.O., S. 9). In der hermeneutischen Gleichsetzung von Schrift und Offenbarung mit den darin liegenden fundamentalistischen Tendenzen und Gefahren sieht

Eugen Biser deshalb einen weiteren Grund für die Krise des heutigen Christentums.

Aus dieser personal-existentiellen Grundstruktur des Glaubensaktes resultiert die von Biser geforderte und in ihren Ansätzen diagnostizierte Glaubenswende (Die glaubensgeschichtliche Wende. Eine Positionsbestimmung, Graz 1986; Glaubensprognose: Orientierung in postsäkularistischer Zeit, Graz 1991), in der im Glaubensvollzug an die Stelle des Gehorsams das Verstehen, des Bekenntnisses die Erfahrung und die Verantwortung an die Stelle der Leistung treten.

Wirklicher Glaube besteht nicht im Für-wahr-Halten von Sätzen, er bezieht sich nicht auf Aussagen, sondern auf den lebendigen „Gott, der sich in der Person und Lebensgeschichte Jesu auf eine zugleich übersprachliche und alle sprachlichen Möglichkeiten umgreifende Weise zu verstehen gab" (An der Schwelle, S. 20). Aus dieser Perspektive entfaltet Biser seine „Christologie von innen" (Der Helfer. Eine Vergegenwärtigung Jesu, München 1973), wonach sich glauben „als ein lebenslanges Gottverstehen" interpretieren läßt, „vermittelt durch den einzigen Mittler zwischen Gott und den Menschen, Jesus Christus" (Hat der Glaube eine Zukunft? Das Christentum auf dem Weg in das 3. Jahrtausend, in: zur debatte. Themen der Katholischen Akademie in Bayern 25/2 (1995) 13–16, S. 13). Der alte augustinische Gedanke von Christus als dem inwendigen Lehrer wird von Biser in diesem Zusammenhang aufgegriffen und fruchtbar gemacht.

Der Neuentdeckung Jesu im Glaubensbewußtsein der Gegenwart – im Raum des Glaubens ebenso wie des Unglaubens – entspricht ein Umbruch „von einer Christologie der Autorität zu einer solchen der Solidarität und schließlich der Identität" (An der Schwelle, S. 15). Zwei herausragende Publikationen zu diesem Thema in unserem Jahrhundert bringen diesen Wandel der Sichtweise eindrucksvoll zu Bewußtsein. Während das bekannteste Werk von Romano Guardini den Titel „Der Herr" trägt, hat Eugen Biser seine Christologie „Der Helfer" (Der Helfer. Eine Vergengwärtigung Jesu, München 1973) überschrieben. Dieser Perspektivenwechsel hinsichtlich der Christologie wird und muß sich als Korrekturkriterium für das Verständnis der Kirche und ihrer hierarchischen Struktur erweisen. In der wachsenden Entfremdung zwischen der Kirchenspitze und der Basis, die am Ende zu einem ‚vertikalen Schisma' führen könnte, sieht Biser eine strukturelle Verstörung, die dringend behoben werden muß.

Das Entscheidende und zugleich das Christentum von allen anderen vergleichbaren Religionen Unterscheidende ist sein spezifisches Verständnis Gottes, den Jesus als den bedingungslos liebenden Vater erfahren und verkündet hat. Damit ist die Gottesangst, die verheerendste aller Ängste, aus den Herzen der Menschen gerissen. Das bedeutet Befreiung und Erlösung in einem. Nach der Überzeugung von Eugen Biser bestätigte Jesus „in seiner Lehre und Wirksamkeit keineswegs das, was die Menschheit immer schon von Gott erwartete und befürchtete. Er kam vielmehr, um das in langen Jahrtausenden entwickelte Gottesbild als eine Projektion der menschlichen Lebens- und Geschichtserfahrung ins Gottesgeheimnis zu entlarven und den aus Sehnsucht und Angst gewobenen Schleier von diesem Geheimnis wegzuziehen. Das bewirkte er, indem er den Schatten des Angst- und Schreckenerregenden aus dem Gottesbild der Menschheit tilgte, indem er die Tiefen der Gottheit entsiegelte und zumal dadurch, daß er mit seiner ehrfürchtig-zärtlichen ‚Abba'-Anrede das Antlitz des bedingungslos liebenden Vaters zum Vorschein brachte. Damit erwies er sich als der größte Revolutionär der Religionsgeschichte" (E. Biser, Die Forderung der Stunde, in: zur debatte. Themen der Katholischen Akademie in Bayern, 27 [1997] 6–8, S. 7).

In dieser Botschaft Jesu ist das Denken von Eugen Biser unerschütterlich verankert; seine Theologie erwächst daraus wie mit innerer Notwendigkeit. Wenn die Verstörung des Menschen in seinem Selbstverhältnis die Folge einer zwischen Faszination und Drohung ambivalenten Gottesvorstellung ist, dann ist das Christentum, in dem Maße es zur Identität mit seinem Gottesbild gelangt, in der Tat die Antwort auf die aus der Existenznot erwachsende Frage nach einem letzten Sinn, weil die Identitätsfindung in Christus und mit ihm in Gott zugleich die Überwindung des Todes und aller Ängste einschließt.

Die Rückwendung von einer vergegenständlichten und auf ein abstraktes System gebrachten Glaubenslehre zur Wirklichkeit des Glaubens im dialogischen Vollzug stellt die Theologie hinsichtlich der Vermittlung ihrer Botschaft vor das Problem einer neuen Verhältnisbestimmung von Glauben und Sprache. Ein weiterer Schwerpunkt der theologischen Arbeit von Eugen Biser ist damit angesprochen. In weit ausholenden und tiefgreifenden Analysen und Reflexionen hat er die Sprachtheorie im allgemeinen und die Theologie der Sprache im besonderen vorangetrieben mit dem Ziel, die „Sprache der Offenbarung als die wahrhaft zeitgemäße zu erweisen" (Theologische Sprachtheorie und Hermeneutik, München 1970, S. 568) sowie „religiöse Sprachbarrieren" (Religiöse Sprachbarrieren. Aufbau einer Logaporetik, München 1970) abzubauen. An dieser Stelle muß an den Prediger Eugen Biser erinnert werden, der über diese Probleme nicht nur nachgedacht hat, sondern die dabei gewonnenen Einsichten unermüdlich und mit größter Zustimmung seiner zahllosen Hörer in die Praxis umsetzt.

II.

Das im strengen Sinne des Wortes Maßgebende und deshalb das Wichtigste dieser von Biser konsequent vollzogenen Wende vom System zur Lebenswirklichkeit ist die erneute, weitgehend verloren gegangene Zentrierung auf die Mitte des Evangeliums. Das bedeutet Relativierung in einem positiven und notwendigen Sinne und hat nichts mit Beliebigkeit zu tun, weder auf dogmatischem noch auf moralischem Gebiet. In erster Linie ist davon die Struktur des Lehrgebäudes betroffen. Das unter dem Anspruch des Wissenschaftsbegriffs griechischer Philosophie konzipierte idealistische Lehrsystem mit den ihm immanenten absoluten Geltungsansprüchen und Zwangsmechanismen gegenüber der geschichtlichen Wirklichkeit kann nicht weiter aufrecht erhalten werden. Dieser wissenschaftstheoretische Bruch mit einer langen und ehrwürdigen Tradition wird in seiner Auswirkung nicht auf den Bereich der Fachtheologie beschränkt bleiben. Das muß fast unumgänglich zu Irritationen führen. Wer gewohnt ist, die Glaubenssätze für den Gegenstand des Glaubens zu halten, wird sich zumindest anfänglich schwer tun, die Differenz zwischen der Wirklichkeit und der Rede von der Wirklichkeit zu realisieren. Es ist der Schritt, so formuliert es Biser, von der Fassade am Dom des Glaubens in das Innere dieses Domes selbst. Es geht dabei nichts verloren, aber es erscheint alles in einem völlig neuen Licht, weil es ganz auf Gott zentriert ist. In diesem Licht wird vieles, was im Laufe der Geschichte der Vergegenständlichung in den Vordergrund drängte, seinen angemessenen Platz an der Peripherie erhalten und dadurch an Gewicht verlieren und die Mitte für das Eigentliche frei machen. Manches hochgespielte Problem, an dem man heute vielleicht meint, die Identität des Christentums festmachen zu müssen, wird gar als gegenstandslos verschwinden und dadurch die allein angemessene Lösung erfahren. Wenn das theologisch verantwortet geschieht, dann bedeutet das nicht Verlust an Tradition, sondern Abwerfen von im Laufe der Geschichte zugewachsenem heterogenem Ballast. Aber auch ernsthafte theologische Probleme werden sich durch diese Innensicht neu und anders darstellen. Insbesondere wird sich zeigen, daß manche theologische Kontroverse mehr ein Streit um vorausgesetzte philosophische Konzeptionen und dadurch bedingte sprachliche Formulierungen war als um den Gegenstand selbst. Nicht zuletzt wird für das ökumenische Gespräch diese Innensicht der Mysterien des Glaubens über Formulierungen hinaus zur Sache selbst und dadurch leichter zu einem Konsens führen, denn Biser denkt nicht von der Differenz dogmatischer Formulierungen, sondern von dem Einheitsgrund christlicher Wirklichkeit her.

In diesem Zusammenhang notwendiger Selbstkorrektur christlicher Lehre nennt Biser an erster Stelle die sogenannte Satisfaktionstheorie, da sie geradezu sadistische Züge in das christliche Gottesbild einzeichne. Der Gedanke, daß Gott als Sühne den grausamen Tod des eigenen Sohnes fordere, damit ihm selbst Genugtuung für die Sünde und Schuld der Menschen geschehe, steht in diametralem Gegensatz zu dem Gott der Liebe, den Jesus verkündet hat, und verstärkt die Meinung, das Christentum sei eine auf den Opfergedanken gegründete asketische Religion. Dieses Theologumenon, das in popularisierter Form eine Überlegung des Mittelalters aufnahm, war einmal ein sozio-kulturell bedingter, schon lange aber überholter Versuch, Erlösung zu deuten, und hat entscheidend dazu beigetrgen, die eigentliche Botschaft des Christentums zu verdunkeln. Diese wenigen Hinweise mögen genügen, um das Gemeinte zu veranschaulichen.

Wer die äußere Lehrgestalt der Kirche mit der Sache des Christentums identifiziert, dem mag das Lebenswerk von Eugen Biser wie ein Beitrag zur Destruktion des Christentums erscheinen; erste Stimmen in diesem Sinne sind bereits zu vernehmen. Solches braucht nicht weiter zu beunruhigen, es ist das Kennzeichen von Umbruchzeiten, wie ein Blick in die Theologiegeschichte lehrt.

Selbstverständlich steht Eugen Biser in der großen Tradition der abendländischen Theologie. Er kennt ihre Wege und Umwege ebenso wie ihre gelegentlichen Abwege. Stark beeinflußt von Sören Kierkegaard (1813–1855), hat er Impulse der Theologie unseres Jahrhunderts, vor allem des Zweiten Vatikanischen Konzils, aufgenommen; er hat sie in seinem Werk mit der ihm eigenen theologischen Kompetenz koordiniert und mit allen Konsequenzen in eigener Verantwortung zu Ende gedacht. Das macht den Rang seiner Theologie aus. Es ist wohl nicht zu hoch gegriffen: Das Lebenswerk von Eugen Biser signalisiert eine epochale Wende in der abendländischen Theologie; es ist eine Wende zurück zum Ursprung und dadurch ein entscheidender Schritt in die Zukunft.

III.

Mit der Zukunft ist ein Aspekt seiner Theologie angesprochen, ohne den bei einer Würdigung von Eugen Biser Wesentliches fehlen würde. Seine zeitanalytisch-diagnostischen Untersuchungen führen mit großem Einfühlungsvermögen und schonungsloser Offenheit die Identitäts- und Sinnkrise des heutigen Menchen vor Augen, von der Kirche und Gesellschaft in gleicher Weise betroffen sind. Mit Nietzsches Wort vom „Geist der Schwere" charakterisiert er diese Atmosphäre mit ihren bedrückenden Ausprägungen und „verstörenden Entwicklungen: Die Fesselung der Freiheit durch verfügte Normen, die Verwandlung des Evangliums in ein Gesetzbuch, die Vertauschung des Dialogs mit einer Sprache der Dekrete, die Funktionalisierung des Heilsgeschehens, die Verwechslung des religiösen Akts mit einer Leistung, die Meinung, daß das den Menschen schwer Ankommende gottgewollt und deshalb besonders verdienstlich sei, die Lähmung der Spontaneität und das Versiegen der Hoffnungsimpulse" (Glaubenserweckung. Das Christentum auf der Suche nach seiner Identität, in: Stimmen der Zeit 215 (1997) 172). Diese

Lähmung wird nach der Überzeugung von Biser nicht zuletzt dadurch verstärkt, daß man christlicherseits „durch die Suggestion spezifisch religiöser Ängste, insbesondere von Gewissens- und Bestrafungsängsten" (ebd.), Menschen zur Annahme des Heilsangebotes bewegen zu können meinte. Dem stellt Biser überzeugend und mit größtem Nachdruck als Kern des Christentums dessen Angst überwindende und letzten Sinn stiftende Botschaft von Gott als dem vorbehaltlos liebenden Vater gegenüber und hebt damit eine Dimension des Christentums ins Bewußtsein, die lange Zeit verdeckt war.

Diese Einsicht greift über den christlichen Raum hinaus, es kommt ihr umfassende Bedeutung zu, da „die Krise des Christentums synchron mit der des Menschen verläuft, so daß sich in seiner Identitätsnot die menschliche spiegelt. Das aber läßt darauf hoffen, daß der Durchbruch des Christentums zu seiner Identitätsmitte dann auch zur Überwindung der menschlichen Identitätsnot verhelfen könnte. Daß diese Hoffnung nicht zu hoch greift, bestätigt die Paradoxie des Menschen, die darin besteht, daß er, ungeachtet seiner vielfältigen Bedingtheit, nur im Unbedingten sein Genüge findet, so daß Gott aus sich herausgehen und ihm im Doppelsinn des Ausdrucks sagen muß, ‚wer er ist‘, wenn er zu seiner definitiven Identitäts- und Sinnfindung gelangen soll" (a.a.O., S. 173f).

Das ist schließlich das Faszinierende am Denken und Werk Eugen Bisers: Er vermittelt aus seinem Verständnis christlicher Wirklichkeit heraus den Menschen Hoffnung und Zuversicht auf dem Weg in die Zukunft.

Was bedeutet eigentlich Ostern?

Es ist ein Kennzeichen unserer Zeit, daß christliche Feste fast nur mehr kalendarische Funktion haben, daß die ursprünglichen Inhalte, wenn überhaupt noch, nur in Umrissen und andeutungsweise erkennbar sind. Auch die Frage, was Ostern eigentlich bedeute, stößt zunächst auf Assoziationen und Vorstellungen, die das Wesen dieses zentralen christlichen Festes wie konzentrische Kreise umgeben und den Blick darauf mehr verstellen als eröffnen. Im allgemeinen Bewußtsein hat sich nicht einmal mehr die Wortbedeutung von Ostern gehalten. Wer kennt heute noch seine Etymologie, nach der es einmal die Tage der Karwoche bezeichnete? Auch lebendiges Brauchtum, das mit dem Wort Ostern verbunden ist, hat sich weitgehend von seinen religiösen Wurzeln gelöst – sofern es überhaupt solche hatte – und damit seine mögliche Verweisfunktion verloren.

Für derartige latente Profanierungsprozesse ist der vielzitierte Osterspaziergang in Goethes Faust ein klassisches Beispiel. Die Erfahrung des nach langem Winter neu aufbrechenden Lebens der Natur zu Beginn des Frühlings läßt den Menschen hoffen, selbst in diesen ständigen Kreislauf von Werden und Vergehen, von Leben und Tod eingebunden zu sein und damit den Tod grundsätzlich überwunden zu haben. Die Tradition des Osterspaziergangs ist eine späte Reminiszenz an die Geschichte im Neuen Testament, wo von den beiden Jüngern Jesu auf dem Weg nach Emmaus berichtet wird. Ihre Situation ist freilich eine völlig andere. Der Tod Jesu hat sie in tiefe Verzweiflung und Aussichtslosigkeit gestürzt. Nichts in der Welt kann ihnen auf der Suche nach Sinn angesichts dieses Todes Hoffnung geben; auch nicht das ‚Stirb und Werde' in der Natur. In der Begegnung mit dem Fremden, der zu ihnen stößt und sie begleitet, erwächst aber ein ungeahnter Grund der Hoffnung in der Erfahrung, daß das Kreuz nicht das letzte Wort war, daß Jesus lebt, weil Gott ihn aus dem Tode erweckt hat.

Christliche Hoffnung auf ein Leben jenseits der Todesgrenze und damit auf einen Sinn des Daseins überhaupt, baut nicht auf den ewigen Kreislauf der Natur, sondern allein auf die Macht Gottes, die in Jesus offenbar geworden ist. Darin liegt der fundamentale Unterschied zu allen rein menschlichen Zukunftsentwürfen. Die Auferstehung Jesu und die daraus resultierende Deutung von Mensch und Welt sind nicht gegen die Reinkarnationslehre, gleich welcher Provenienz, austauschbar.

Mit dem Gedächtnis von Tod und Auferstehung Jesu ist die spezifisch christliche Dimension von Ostern durchaus angesprochen. Aber nicht nur allgemeine Profanierung, auch theologische Diskussionen und Kontroversen können an der Sache vorbeigehen, vom Eigentlichen eines Themas ablenken, das Wesentliche mehr verdecken als ins Bewußtsein heben.

In unserer Frage geschah das vor allem dadurch, daß man sich auf das Wie von Auferstehung fixierte, daß der Vorgang zum Thema wurde, von dem man meinte, er könne wie ein innerweltliches Geschehen beschrieben werden. Die bisweilen heftigen Auseinandersetzungen darüber, wie die Osterberichte des Neuen Testamentes interpretiert werden müssen, ob das Grab Jesu wirklich leer war oder nicht, und ob das leere Grab als Argument für die Auferstehung Jesu herangezogen werden könne, sind dafür symptomatisch. Solche Überlegungen gehen jedoch in eine falsche Richtung. Sie orientieren sich an innerweltlichen Vorgängen, als ob es bei der Auferstehung um die Wiederbelebung eines Leichnams ginge. Die Auferstehung Jesu aber, soll sie das sein, als was christlicher Glaube sie bekennt, ist kein innerweltliches Geschehen, das mit naturwissenschaftlichen Methoden nachprüfbar wäre. Sie darf das gar nicht sein, sonst wäre sie ein vielleicht unerklärbares, letztlich aber doch belangloses Ereignis. Alle Spekulationen über den Vorgang von Auferstehung greifen ins Leere. Die Auferweckung Jesu als endgültige Überwindung des Todes ist eine Machttat Gottes, die zwar in die Geschichte eingriff, ihr aber nicht mehr angehört. Sie ist deshalb menschlichem Begreifen und Vorstellen, wie Gott selbst, entzogen. Es gibt keine Zeugen des Vorgangs der Auferstehung. Christlicher Glaube beruft sich allein auf die Zeugen des Auferstandenen. Daß Jesus lebt, ist das tragende Zentrum und die Grundlage des Christentums. Schon Paulus hat in seinem ersten Brief an die Gemeinde in Korinth das ganze Evangelium zusammengefaßt in dem Bekenntnis zu Tod und Auferstehung Jesu (1. Korintherbrief

15). Wenn Christus nicht auferweckt wurde, ist nach seiner Überzeugung nicht nur christlicher Glaube vergeblich und gegenstandslos; dem menschlichen Leben überhaupt wäre jeder Sinn genommen. Daß Jesus lebt, und daß darin die Hoffnung aller Menschen auf ein Leben jenseits der Todesgrenze gründet, ist geradezu eine Kurzformel christlichen Glaubens.

Der Glaubensinhalt von Ostern, das, was Christen an diesem Fest liturgisch feiern, hängt also nicht davon ab, ob es Menschen gibt, die daran glauben und sich dazu bekennen. Ob aber der Mensch und die Welt am Ende wirklich eine Zukunft haben, hängt daran, ob Ostern, ob die Auferweckung Jesu Wirklichkeit ist.

Wenn nach der Bedeutung von Ostern gefragt wird, ist also über diese Wirklichkeit nachzudenken. Sie ist nicht nur von den Menschen unabhängig, sie läßt sich auch nicht auf den Kreis von Menschen beschränken, der sich dazu bekennt; ja eine solche Beschränkung würde geradezu ihren innersten Sinn verfehlen. Das wäre so, als wollte man die Schöpfertätigkeit Gottes auf jene Menschen begrenzen, die daran glauben. Wenn aber Gott die Welt geschaffen hat, dann gründet darin das Dasein der gesamten Wirklichkeit, aller Menschen, unabhängig davon, ob sie das akzeptieren, nicht zur Kenntnis nehmen oder vielleicht ausdrücklich ablehnen. Ebenso verhält es sich mit der Auferstehung. „Gott, der die Toten lebendig macht und das Nichtseiende ins Dasein ruft", (Römerbrief 4,17), um noch einmal Paulus zu zitieren, hat durch die Auferweckung Jesu der ganzen Welt und jedem einzelnen Menschen Sinn und die Möglichkeit einer rettenden absoluten Zukunft gegeben. Gott, der sich in Jesus Christus als der ohne Vorbehalt liebende Vater geoffenbart hat, ist Ursprung und Ziel aller Wirklichkeit. Nichts kann aus diesem universalen Zusammenhang herausfallen. Deshalb gehört diese Offenheit wesentlich zum christlichen Bekenntnis: Gott will, daß alle Menschen gerettet werden (1. Timotheusbrief 2,4). Jeder elitäre Heilspartikularismus ist zutiefst unchristlich.

Schon bevor die Welt diese Botschaft hört und darüber nachdenkt, ob sie sie akzeptiert, selbst dann noch, wenn sie diese ausdrücklich verwirft, ist alles von dieser Wirklichkeit getragen.

Daraus ergeben sich notwendige Konsequenzen, die auch für den einsichtig sind, der sich, gleich aus welchen Gründen, nicht zu der Botschaft von Ostern bekennen kann. Wenn das Christentum Gott als Schöpfer und in der Auferweckung der Toten als Vollender des gesamten Universums versteht, dann muß es in der Sache Ausschließlichkeitsanspruch erheben. Es kann daneben keinen anderen Gott, keinen anderen Ursprung und kein anderes Ziel des Menschen geben. So verstanden ist dieser Anspruch des Christentums keine Anmaßung, sondern notwendige und logische Konsequenz aus seinem Gottesverständnis. Unter diesem sachlichen Aspekt ist in der Tat „außerhalb der Kirche kein Heil", d.h. der von der Kirche bezeugte Christus ist der objektive Grund für alles Heil in der Welt.

Wird aber dieser durchaus mißverständliche Satz als Personalprinzip ausgelegt, als Umschreibung eines klar umgrenzten Personenkreises, dann ist das eine ärgerniserregende, dem Geist des Christentums diametral entgegengesetzte Anmaßung. Das Heil des Einzelnen würde dadurch von der äußeren Zugehörigkeit zur Kirche abhängig gemacht. In jedem Fall wäre ein formelles Bekenntnis erfordert, der universale Heilswille Gottes würde von äußeren Kriterien, von Zufälligkeiten eingeschränkt und gewissermaßen konfessionalisiert. Über Jahrhunderte hat sich das Christentum, von wenigen, allerdings herausragenden Ausnahmen abgesehen, so verstanden. Es bedurfte eines langen Weges voller schwerster Irrungen bis die Kirche mit der Erklärung über die Religionsfreiheit auf dem Zweiten Vatikanischen Konzil in dieser Frage zu ihrem ursprünglichen Selbstverständnis zurückfand und ohne Vorbehalt anerkannte, daß der Mensch „nicht daran gehindert werden darf, gemäß seinem Gewissen zu handeln, besonders im Bereich der Religion" (Art 2).

Damit kommt die andere Dimension jener göttlichen Machttat in den Blick, deren die Christen an Ostern gedenken. Erlösung von Schuld und Sünde, Befreiung aus der Verzweiflung letzter Sinnlosigkeit geschehen nicht nur am Menschen, sondern wesentlich mit dem Menschen. Im vorpersonalen Bereich gibt es weder Heil noch Unheil. Immer ist dafür die freie Entscheidung menschlicher Verantwortung vor Gott gefordert. Darin ist die unantastbare Würde des Menschen verankert. Das Heil hat personale Struktur. In die Definition des Christentums gehört deshalb die

Freiheit. Nur in dem Maß, in dem der Mensch aus dem Geist der Freiheit lebt, realisiert er wirklich Christsein, denn „wo der Geist des Herrn waltet, da ist Freiheit" (2. Korintherbrief 3,17).

Das Handeln Gottes, dem immer die Priorität zukommt, und die freie personale Entscheidung des Menschen bilden eine innere Einheit. Heil ist nicht objektivistisch an Gebote, Normen oder Gesetze gebunden. Der Wille Gottes ist dem Menschen nicht in dessen Unbegreiflichkeit verborgen; der Mensch ist nicht einer undurchschaubaren, ihn bedrohenden Macht ausgeliefert. Das Gute wird nicht erst dadurch gut, daß Gott es befiehlt. Deshalb handelt der Mensch nur dann frei und damit sittlich, wenn er weiß und einsieht, warum er etwas tut oder unterläßt; wenn er das Gute tut, weil es gut ist, und das Böse meidet, weil es schlecht ist; nicht weil Gott es geboten hat. Freiheit kann natürlich nie Willkür oder Beliebigkeit bedeuten. Der Mensch ist in seinem Gewissen immer auf die Wahrheit verwiesen, aber sein Wollen muß sich an seiner Einsicht, nicht an einer blind zu akzeptierenden Norm oder einer vielleicht nicht verstandenen Glaubensformulierung orientieren. Thomas von Aquin, einer der größten Denker des Christentums, hat diesen Sachverhalt so formuliert: „Jegliches Wollen, das von der Vernunft abweicht, mag diese nun recht sein oder irren, ist immer schlecht" (Summa theologiae I/II, q. 19, art. 5). Sittlich handeln heißt vernunftgemäß handeln. Wenn der Mensch alles geprüft hat, wenn er alle ihm gegebenen Möglichkeiten, sich ein Urteil zu bilden, ausgeschöpft hat, dann gibt es nicht noch einmal eine übergeordnete Norm oder Autorität, auf die er sich gegen seine eigene Einsicht berufen könnte und der er sich unterwerfen dürfte. Er muß nach seinem besten Wissen handeln, auch auf das Risiko hin, daß ein Irrtum grundsätzlich nicht ausgeschlossen werden kann. Dann steht der Mensch allein vor Gott. Diese durch die Gewissensfreiheit eröffnete Unmittelbarkeit des Menschen zu Gott gehört wesentlich zum Christsein, denn „was nicht aus Überzeugung geschieht, ist Sünde" (Römerbrief 14,23). Genau darin liegt der befreiende Charakter der christlichen Botschaft.

Wer deshalb die Freiheit des Gewissens in Frage oder gar in Abrede stellt, wer den Versuch macht, irgendeine andere Instanz zwischen Gott und den Menschen zu stellen, zerstört das Christentum in seinem innersten Kern.

Mit diesen Gedanken ist, wie mir scheint, eine wichtige Einsicht gewonnen. Die Dynamik der Auferweckung Jesu als befreiende und letzten Sinn stiftende Machttat Gottes ist als solche unabhängig davon, ob jemand davon weiß oder nicht, ob er daran glaubt oder nicht. Der universale Anspruch, der in dieser Objektivität gründet, kann deshalb nicht auf die Christen, die sich ausdrücklich und formell dazu bekennen, begrenzt sein. Als Vollendung der Schöpfung geht das heil- und sinnstiftende Wirken des Geistes Gottes jedem menschlichen Bekenntnis und Bemühen voraus, indem es die freie Gewissensentscheidung ermöglicht und zugleich fordert.

Dem Absolutheitsanspruch des Christentums entspricht deshalb auf der Seite der Menschen der absolute Verpflichtungscharakter des Gewissens, und zwar auch des subjektiv irrenden Gewissens. Jede personal verantwortete freie Entscheidung versteht sich als zumindest partikulär sinnvoll und sinnstiftend und ist deshalb von dem absoluten Sinn getragen und ermöglicht. Stünde nämlich am Ende die absolute Sinnlosigkeit, dann gäbe es keinen Unterschied zwischen gut und böse, zwischen gerecht und ungerecht; alles wäre letztlich gleich gültig mit seinem Gegenteil. Gegen eine solche Deutung des Daseins steht mit kompromißloser Entschiedenheit der Spruch unseres Gewissens und die Erfahrung unseres täglichen Handelns. Jede Entscheidung und jedes Handeln sind im innersten von der Überzeugung getragen, es sei sinnvoll so und nicht anders zu handeln. Woher, so ist dann aber zu fragen, kommt diese Forderung nach Sinn? Worin gründet dieser universale Anspruch, der keine Ausnahme zuläßt, der jeden Sinn erst begründet und deshalb nicht einfach die Summe innerweltlicher Sinnerfahrungen sein kann. In dieser Forderung des Gewissens meldet sich nicht nur der absolute Anspruch Gottes, auch die endgültige Überwindung aller Sinnlosigkeit kündet sich darin an. So gesehen ist jede bedingungslose Treue zum eigenen Gewissen ein implizites Bekenntnis zur Auferstehung und deshalb aus dem Geiste Gottes und somit heilshaft.

Aus solchen Überlegungen heraus hat Karl Rahner (1904–1984), einen

Gedanken der frühen griechischen Kirchenväter aufgreifend, das Wort von den anonymen Christen geprägt. Ob der Begriff glücklich gewählt ist, darüber kann man streiten, über die damit gemeinte Sache aber nicht: Das Heil Gottes ist universal, es ist nicht an Institutionen gebunden. Allein persönliche Schuld entscheidet über Heil oder Unheil, nur in der Entscheidung des Einzelnen liegt eine real mögliche Begrenzung des allgemeinen Heilswillens Gottes. Alles, was sich in der Welt an Gutem und Wahrem findet, gilt als Gabe dessen, „der jeden Menschen erleuchtet, damit er schließlich das Leben habe", so die Kirchenkonstitution (Kap. 2, Art 16) des II. Vaticanums.

Am Ende gilt nur ein Satz universal, und er korrespondiert dem universalen Heilswillen Gottes, zugleich ist in ihm der Vollzug christlicher Existenz zusammengefaßt: „Was ihr dem geringsten meiner Brüder tut, das habt ihr mir getan" (Matthäus 25.40). Auch wo der zweite Teil dieses Satzes nicht gewußt ist, behält er seine Geltung.

In diesen Aussagen hat das Zweite Vatikanische Konzil theologische Positionen abgesteckt, hinter die die Kirche nicht mehr zurück kann.

Zugleich erhebt sich damit unabweisbar und mit besonderer Dringlichkeit die Frage nach dem Sinn von Kirche. Wozu braucht es noch eine Kirche, wozu ein gemeinsames Glaubensbekenntnis, wozu Ämter und Dogmen, wenn Gott immer schon durch seinen unbedingten Heilswillen alle Grenzen gesprengt hat? Verkürzt könnte man antworten: Um der Welt diesen Gott der Liebe zu verkünden, um allen Zeiten die Botschaft gegenwärtig zu setzen, in Wort und Sakrament, daß Gott durch Tod und Auferweckung Jesu sowie durch die Geistsendung das endgültige Heil gewirkt und alle Menschen dazu berufen hat.

Die Kirche ist nicht Selbstzweck, sie trägt ihren Sinn nicht in sich selbst. Sie ist nicht das Heil. Ihr Wesen ist es ausschließlich, vermittelndes und interpretierendes Zeichen für das in Christus geschehene Heil zu sein. Sie muß je für ihre Zeit Zeuge des Auferstandenen sein. Alle Ämter in der Kirche sind deshalb von dieser Grundstruktur geprägte Dienstfunktionen. Die Zusage, daß die Kirche grundsätzlich auf dem richtigen Wege bleibt, schließt jedoch nicht aus, daß sie ihre Aufgabe, Zeichen zu

148

sein, besser und schlechter erfüllen kann. Sie steht mit dieser Aufgabe immer zwischen Christus und der jeweiligen Zeit. Darin liegt ihre Dynamik, aber auch die Gefahr zu versagen. Um bei der alten Botschaft des Christentums zu bleiben, muß sie diese Wirklichkeit immer neu durchdenken und neu formulieren. Verbale Orthodoxie und formelhaftes Festhalten am Bekenntnis allein sind keine Garantie dafür, daß Formeln und Worte nicht leer werden, daß der befreiende Geist des Auferstandenen nicht schwindet und verlorengeht. Denn das unwandelbare und unaufgebbare Wesen des Christentums ist nicht irgendeine Aussage, ein Satz. Es besteht nicht etwa in der Summe aller Dogmen der Kirche, die man auswendiglernen und weitergeben könnte. Das Wesen des Christentums ist Christus. In seinem Tod und seiner Auferstehung, in dieser personalen Wirklichkeit hat christlicher Glaube seine tragende und nie aufgebbare Identität. Alle Worte und Sätze, Glaubensbekenntnisse und Dogmen sind nicht die Sache selbst, sondern Zeugnis von dieser Wirklichkeit, Rede über das Wesentliche des Christentums. Deshalb heißt Glauben im christlichen Verständnis immer glauben an den lebendigen Gott, und erst dann und auf dieser Basis bedeutet es auch ein Fürwahrhalten von Sätzen, die Gott und seine Selbsterschließung in Jesus Christus auslegen.

Dabei ist aber noch ein weiteres zu bedenken. Menschliches Sprechen von Gott kann immer nur in der Weise der Unangemessenheit geschehen. Alle unsere Begriffe begreifen Gott nicht, sie sind im besten Fall Wegweiser in das unbegreifliche Geheimnis, das Gott für den Menschen immer bleibt. Deshalb kann es keine unfehlbaren Sätze und Formulierungen in dem Sinne geben, daß sie den angezielten Inhalt adäquat begriffen hätten. Alle Formulierungen sind grundsätzlich verzichtbar und müssen immer wieder durch neue ersetzt werden. Nur so kann die Kirche ihrem Auftrag, das Evangelium in der heutigen Zeit zu verkünden, gerecht werden. Nicht zwischen der äußeren Form und dem intendierten Inhalt einer Aussage unterscheiden, hieße die Identität des Christentums verfehlen, weil eine zufällige, geschichtlich bedingte Form mit der Sache selbst verwechselt würde. Darin liegt eine große Gefahr, die in der Auseinandersetzung zwischen den Generationen in der Kirche im Einzelfall tragische Formen annehmen kann.

Der Mensch ist immer versucht, sich selbst ein Gottesbild zu entwerfen, sich einen begriffenen und dadurch verfügbaren Gott zu machen, eben zu vergessen, daß die Unbegreiflichkeit Gottes das Höchste menschlicher Gotteserkenntnis ist. Man muß deshalb auch mit anonymen Nichtchristen und anonymen Atheisten rechnen. Dann kann es geschehen, daß mit unangefochtener Selbstsicherheit zeitbedingte und der weiteren theologischen Klärung bedürfende Thesen als unveränderliche Wahrheiten ausgegeben werden, daß theologische Ignoranz, nicht selten verbunden mit Intoleranz, sich gerne mit besonderer Treue und Festigkeit im Glauben verwechseln läßt. In einem bedenkenswerten Satz hat schon Thomas von Aquin in solchen Fällen zur Vorsicht gemahnt; seine Worte haben nichts an Aktualität verloren: „Denn die Wahrheit des Glaubens wird bei den Ungläubigen zum Gespött, wenn ein mit den wissenschaftlichen Kenntnissen nicht ausgestatteter Katholik etwas für ein Dogma ausgibt, das in Wirklichkeit keines ist und im Lichte einer streng wissenschaftlichen Prüfung sich als Irrtum erweist" (De potentia q. 4, art. 1: „Propter hoc autem obesse dicit, quia ab infidelibus veritas fidei irridetur, cum ab aliquo simplici et fideli tamquam ad fidem pertinens proponitur aliquid quod certissimis documentis falsum esse ostenditur"). Auch die Warnung des hl. Augustinus, „daß unsere Religion, von der Gottes Barmherzigkeit gewollt hat, daß sie frei ist, nicht menschlichen Anmaßungen unterworfen werde" (Epist. 55), hat zu allen Zeiten ein gewisses Maß an Berechtigung. Nicht selten nämlich werden aus solchen theologischen Engführungen heraus mit Berufung auf die Autorität Gottes Ziele verfolgt und Lasten auferlegt, die in Wirklichkeit nicht die Ziele und Lasten Gottes sind, denen häufig sehr menschliche Absichten zugrunde liegen. So entsteht bisweilen die Gefahr, daß das Wesen des Christlichen in der Tat in sein Gegenteil umschlägt; die frohe Botschaft der Befreiung des Menschen kann dann unversehens zu erneuter Bedrohung werden, an die Stelle glaubenden Vertrauens treten Angst und Verzweiflung. Die Geschichte der Kirche bietet viele Beispiele solcher Gefährdung, aber auch ihrer Überwindung.

Der universale Anspruch des Christentums und die Akzeptanz seiner Botschaft durch die heutige Welt fallen weit auseinander. Das Christentum ist eher zu einer Randerscheinung geworden; es ist mehr geduldet als wirklich gefragt. Woran liegt das?

Eine genauere Analyse dieses Sachverhalteshaltes stößt auf ein eigenartiges Phänomen. Der Wissenschaftsoptimismus der Neuzeit ist zusammengebrochen. Der Mensch fühlt sich vielfältigen Bedrohungen ausgeliefert, die Erfahrung der Vergeblichkeit und der Endlichkeit bestimmen nicht zu Unrecht sein Lebensgefühl. Wie vielleicht noch nie in seiner Geschichte ist der Mensch vor die Frage nach dem Sinn gestellt, nach dem Sinn seiner eigenen Existenz, der Geschichte und der ganzen Welt. In dieser Erfahrung drohender Sinnlosigkeit meldet sich jedoch zugleich wie eine Vision die Hoffnung an, daß am Ende alles einen Sinn haben möge; christlich formuliert, daß es eine Auferstehung aus dem Tode, aus der Vergänglichkeit und Sinnlosigkeit geben möge. Innerweltlich läßt sich das aber nicht entscheiden und schon gar nicht durch den Menschen realisieren.

An dieser Stelle mündet der Gedankengang dieser Überlegungen unmittelbar in unsere Ausgangsfrage: Was bedeutet eigentlich Ostern? Die christliche Botschaft von Ostern ist die Antwort auf jene Frage, die in der Welt nie verstummt, die allein schon daraus erwächst, daß es so etwas wie Welt überhaupt gibt, auf die Frage nach einem letzten Sinn und Ziel. Und die Antwort lautet: Entgegen allem Anschein haben Mensch, Welt und Geschichte eine von Gott verbürgte absolute Zukunft.

Daß die Welt nach dieser Antwort sucht, sie aber gleichwohl nicht vernimmt, sollte für Christentum und Kirche Anlaß zu kritischer Selbstbesinnung sein.

Stephan Pauly (Hrsg.)

Theologen unserer Zeit

1997. 156 Seiten mit 11 Abbildungen
Kart. DM 29,80/öS 218,-/sFr 27,50
ISBN 3-17-015046-4

Dieser Band stellt in lebendigen Einzelporträts Theologen vor, die für unsere Zeit prägend sind und ein theologisches Erbe geschaffen haben, das der Aneignung lohnt.

Ausgewiesene Kenner porträtieren:
- **Karl Rahner** (Bischof Prof. Dr. Dr. Karl Lehmann)
- **Romano Guardini**
  (Prof. Dr. Hanna-Barbara Gerl-Falkovitz)
- **Hans Urs von Balthasar** (Prof. Dr. Elmar Salmann OSB)
- **Heinrich Fries** (Dr. Norbert Göttler)
- **Eugen Biser** (Prof. Dr. Richard Heinzmann)
- **Henri de Lubac** (Prof. Dr. Gerd Haeffner SJ)
- **Bernhard Häring** (Prof. Dr. Johannes Gründel)
- **Oswald von Nell-Breuning**
  (Prof. Dr. Friedhelm Hengsbach SJ)
- **Anton Vögtle** (Prof. Dr. Rudolf Hoppe)
- **Odo Casel** (Prof. Dr. Arno Schilson)
- **Gustavo Gutiérrez** (Prof. Dr. Gerhard Ludwig Müller)

Jedem Beitrag ist eine Porträtaufnahme des vorgestellten Theologen beigegeben.

Der Herausgeber: Stephan Pauly ist Mitarbeiter beim Bayerischen Rundfunk.

Kohlhammer

W. Kohlhammer GmbH · 70549 Stuttgart